Metamorfoses da participação no Brasil

Dados Internacionais de Catalogação na Publicação (CIP)
(Câmara Brasileira do Livro, SP, Brasil)

Gohn, Maria da Glória

Metamorfoses da participação no Brasil : coletivos periféricos urbanos, povos indígenas, juventudes autonomistas e Conselho de Participação Social da República / Maria da Glória Gohn. – Petrópolis, RJ : Vozes, 2025.

ISBN 978-85-326-7147-9

1. Ações coletivas 2. Ciências sociais 3. Participação social – Brasil 4. Políticas públicas 5. Políticas sociais 6. Sociologia – Brasil I. Título.

25-260745 CDD-306.2

Índices para catálogo sistemático:

1. Sociedade e política : Sociologia 306.2

Eliete Marques da Silva – Bibliotecária – CRB-8/9380

MARIA DA
GLÓRIA GOHN

Metamorfoses da participação no Brasil

Coletivos Periféricos Urbanos,
Povos Indígenas, Juventudes
Autonomistas e Conselho de
Participação Social da República

EDITORA
VOZES

Petrópolis

© 2025, Editora Vozes Ltda.
Rua Frei Luís, 100
25689-900 Petrópolis, RJ, Brasil
www.vozes.com.br

Editoração: Sandy Marques
Diagramação: Sheilandre Desenv. Gráfico
Revisão gráfica: Nilton Braz da Rocha
Capa: Anna Ferreira Coelho
Ilustração de capa: Moviafilmes (Freepik), Yun XU (Unsplash), Amos Kofi Commey (Pexels), Connor McManus (Pexels).

ISBN 978-85-326-7147-9

Este livro foi composto e impresso pela Editora Vozes Ltda.

Sumário

Apresentação

Este livro é resultado de pesquisas sobre mudanças na sociedade e na política atual do Brasil em relação às modalidades de participação nas formas de associativismo civil existentes. Parte-se da ideia de que os repertórios de confronto, cooperação, conflito, institucionalização e desinstitucionalização de práticas em curso no país e região têm se alterado nos últimos anos, e o leque de formas existentes nas ações coletivas no Brasil ampliou-se. Na atualidade, não basta tratar movimentos sociais e sindicais, organizações não governamentais (ONGs) e formas de representação da sociedade civil nas esferas pública, privada ou estatal/governamental. Essas ações são parte, mas não o todo, do universo das relações associativas, atualmente amplificadas com novas formas de comunicação e redes sociopolíticas. Deve-se observar, interpretar e analisar também as formas não convencionais de participação, ativismo, contestações sociais ou insurgências, a exemplo de alguns tipos de coletivos.

As ações coletivas abrangem o mundo da vida cotidiana, em que trabalho, família, religião, mobilidade urbana, fenômenos do meio ambiente e segurança (ou insegurança) impactam e concentram o que realmente importa para as pessoas, impulsionam e explicam as formas de sociabilidade. A lista é grande, incluindo: aspectos socioterritoriais e culturais, que levam ao associativismo em defesa do patrimônio de bens e locais da natureza, os quais estão sendo destruídos pelo abandono ou por interesses do capital imobiliário; aspectos geracionais, que têm levado a novas configurações das juventudes, recriando ações culturais que se transformam em atos insurgentes; novas sociabilidades e arranjos nos cuidados com crianças e idosos; pertencimentos identitários culturais e emocionais, especialmente em questões de raça, gênero, religião, nacionalidade; tradições e raízes culturais originárias, caso dos povos indígenas, que fazem da ancestralidade sua força para resistir e existir; associativos culturais agregadores no campo do lazer e na cultura, destacando novamente as juventudes; entre outras práticas coletivas. E a grande "revolução" em curso das mulheres, sobre suas vidas, seus corpos, seu papel na sociedade e na política, sua fortaleza e resistência aos ataques que sofrem contidamente, uma luta que já teve grandes conquistas, tem ainda longo caminho pela frente, mas sofre constantes revezes.

As atuais formas de participação têm operado mudanças nos valores, na cultura política, nas práticas de engajamento nas ações coletivas, nas estratégias de comunicação e relação quanto ao uso de tecnologias digitais, nas formas de ativismo e na sociabilidade. Este livro propõe adensar essa agenda de pesquisa, apresentando inicialmente um panorama das categorias de participação que o cenário de associativismos tem construído, seguido de análises dos sujeitos participantes em três dessas formas: movimentos e coletivos periféricos, povos indígenas e participação de jovens na cena pública. Uma quarta forma, a da participação institucionalizada em políticas públicas, será exemplificada.

Nos territórios investigados dá-se destaque para as ações participativas em movimentos sociais e coletivos. Indaga-se: Como eles se apresentam na atualidade? O que há de novo e o que permanece? O que mudou? O que foi ressignificado? Quais seus impactos no debate sobre (associ)ativismo em geral? Como são formuladas as identidades coletivas nos ambientes digitais? Quais pautas e agendas construíram e como utilizam ou operam via redes e mídias digitais? Questiona-se também a forma como se relacionaram nos últimos anos com outros setores da sociedade civil organizada, como partidos e sindicatos, e como interagem com os órgãos estatais e suas políticas públicas, além das relações dessas experiências com a esfera institucional e as possíveis inovações ou limites desses grupos para a ação coletiva e para a construção democrática.

Sabe-se que a última década tem sido marcada por contextos de múltiplas crises e conflitos em várias partes do globo, com a ascensão de governos conservadores, crescentes polarizações ideológicas, desastres climáticos, ambientais e ecológicos, aumento de desigualdades sociais, consequências devastadoras e desiguais após a pandemia de covid-19, além de diferentes guerras, que têm impactado não apenas as nações diretamente envolvidas. Paralelamente, observam-se tensões políticas e sociais que pressionam e desafiam as instituições democráticas na América Latina e no mundo. Após a eleição e posse de Donald Trump nos Estados Unidos, em janeiro de 2025, o clima de insegurança aumentou, o problema dos imigrantes ganhou contornos dramáticos, assim como a proibição de políticas inclusivas nas instituições governamentais e privadas, com o combate às políticas de diversidade, equidade e inclusão (DEI) e discursos que fazem ode à supremacia branca e heteronormativa. Políticas públicas e transformações culturais foram desmontadas nas últimas décadas, e há retrocesso na democracia. Oportuno lembrar que "a ausência da diversidade impede a criação de medidas eficazes para romper com as desigualdades estruturais, perpetuando as exclusões" (Setubal, 2025).

Surge, assim, uma nova configuração política conflituosa que perpassa a política institucional e invade a esfera da sociedade civil. Isso tem recolocado, no Brasil, as formas de ações coletivas em momentos de confronto político, cultural, ideológico, repressão, incerteza e ameaça, ao lado de novas formas de resistência e inovações sociopolíticas e culturais, gerando oportunidades emergentes, especialmente entre os jovens, que não vivenciaram os modelos tradicionais e clássicos do passado (em partidos, sindicatos ou movimentos populares de base). Players (2024) assinala que a relação entre crise e mudança social é complexa porque a mudança nunca é linear, e a crise em si não trará mudanças sociais. Os caminhos da mudança social são construídos, reconstruídos e destruídos cotidianamente. Portanto, isso requer uma análise aprofundada dos diversos atores sociais, políticos e culturais em cena, identificando o sentido que eles atribuem à crise. A partir daí será possível entender as possibilidades de força e potência, positivas e negativas, dos atores em cena – antigos e novos, progressistas ou conservadores.

No âmbito das ações coletivas, ganharam notoriedade na sociedade brasileira pautas relacionadas aos direitos humanos em grupos sociais que lutam pelo feminismo, pelo antirracismo e por pessoas LGBTQIA+[1] e em movimentos e coletivos dos povos originários, destacando-se os povos indígenas e afrodescendentes. Demandas aos direitos sociais e ambientais relacionadas aos efeitos das mudanças climáticas também tiveram destaque, especialmente nas áreas de educação, saúde, saneamento básico, moradia, transporte, condições climáticas, segurança pública. Além disso, surgem demandas geracionais

1. Utilizamos ao longo do livro a sigla LGBTQIA+ (lésbicas, *gays*, bissexuais, transgêneros, *queer*, intersexuais e assexuais, "+" incluindo outras identidades de gênero e orientações sexuais não especificadas) por ser a mais usual neste momento. Sabe-se que outras letras já foram incluídas na sigla, mas ainda não são de uso geral, como LGBTQIAPN+ (lésbicas, *gays*, bissexuais, transgêneros, *queer*, intersexuais, assexuais, pansexuais e pessoas não binárias, além de outras identidades não mencionadas explicitamente no "+"). Neste livro, a sigla refere-se ao conjunto de movimentos sociais, organizações, entidades, grupos e coletivos voltados às ações e à reivindicação de direitos dessa população.

dos jovens e da população idosa, que cada vez está vivendo mais, com novas necessidades. Ações contra e a favor de grupos de imigrantes também entraram na pauta. Registram-se também a emergência do ativismo de direita, a desinstitucionalização ou reestruturação da participação social institucionalizada e o desmantelamento e/ou a recriação de políticas públicas em várias partes do mundo.

Existe, portanto, na atualidade uma pluralidade de formas de associativismo, uma ecologia de saberes acumulados, que se recriam cotidianamente por meio das experiências, diretas ou virtuais. E nessa pluralidade estão os contramovimentos e os efeitos de seus atos antidemocráticos sobre a democracia. As formas de participação a serem tratadas nos capítulos deste livro enfatizam o papel dos sujeitos das ações, com destaque para o papel das mulheres e o dos jovens/juventudes.

As mudanças na ação coletiva nos contextos de crise têm recebido dos pesquisadores e analistas da área diferentes perspectivas teóricas e metodológicas, que podem ser agrupadas em quatro eixos de análise: 1) transformações nos movimentos sociais, em coletivos, organizações cívicas e associações comunitárias em relação a formas de organização e seus protestos, causas; uso de tecnologias e formas de associativismo online e repertórios, especialmente imbuídos de marcadores sociais de gênero, etnia, raça e geração, além de religião, territórios etc.; novas formas de ativismo de direita, em que pesem suas pautas, formas organizacionais e repertórios não democráticos;

2) impactos e consequências sociais, culturais e políticas da ação coletiva, inquirindo sobre situações nas quais os movimentos podem engendrar processos de mudança social, política e cultural, atuando via processos educativos e gerando efeitos e impactos para si próprios e para a sociedade; 3) interações entre movimentos sociais e coletivos e entre movimentos, Estado e políticas públicas, conferindo certa centralidade às interações entre movimentos-Estado; 4) mudanças nas ideias, nos valores e nas ideologias, que têm dado fundamentação e suporte para as ações coletivas, novas ou já clássicas, e o debate que isso tem gerado, a exemplo da categoria da autonomia e a relação com o campo político institucional em um contexto de polarização ideológica.

Este livro busca contribuir para o debate sobre essas temáticas, muitas delas emergentes, ligadas às mudanças na sociedade contemporânea, em que as redes sociais e a comunicação digital, especialmente após a pandemia de covid-19, assumem centralidade nas dinâmicas sociais. Ainda, esta obra apresenta desafios teórico-analíticos e metodológicos no campo de estudos sobre ações coletivas, que combinam formas de atuação tradicionais, digitais e híbridas, online e offline. No Brasil, hoje, para abordar esses temas é preciso necessariamente correlacioná-los com mudanças globais, sobretudo em relação às formas de informação e comunicação em redes sociais. As experimentações tecnopolíticas criadas e as novas formas de sociabilidade e mentalidade geradas em ambientes digitais têm impactado processos políticos, econômicos, sociais e culturais ao promover oportunidades de inovação no repertório da ação coletiva, nos modelos de organização na ação política (Clemens, 2010) mediados por plataformas e novidades nas estratégias de comunicação e ativismo. As novas tecnologias da informação e comunicação têm revolucionado as formas de agir, de se comportar e de se relacionar da grande maioria das pessoas, atuando via redes sociais de internet e de novas formas de ação coletiva (Bennett; Segerberg, 2015; Gerbaudo, 2021).

O uso do termo "tecnopolítica" vai além do significado de ação, comunicação e gestão de políticas feitas por meio de ferramentas tecnológicas. Há tempo que os pesquisadores[2] da área afirmam que tecnopolítica diz respeito à "forma como processos políticos são transformados por tecnologias digitais [...] e que elas podem criar profundas instabilidades nas democracias modernas" (Magalhães, 2019).

O livro é composto por cinco capítulos. Cada um fará um breve balanço da trajetória do tema em tela e se deterá na atualidade, porque o objetivo maior é compreender o Brasil atual. O capítulo 1, "Panorama das formas, categorias e ciclos de participação da sociedade civil em

2. Claudio C. Penteado, pesquisador da área de comunicação, afirma que: "o termo 'tecnopolítica' ainda está em construção e disseminação, uma vez que nem sempre os artigos que tratam da relação entre tecnologia e política utilizam esse termo" (Silva, A.; Penteado, 2023, p. 2).

ações coletivas no Brasil" aborda os ciclos de participação sociopolítica no Brasil pós-1988, detendo-se na atualidade. O intuito é resgatar a memória desses ciclos participativos, nomeando-os segundo seu tempo de irrupção na cena pública, não apenas pela perspectiva dos sujeitos/agentes em ação ou dos repertórios de demandas em pauta, mas com o propósito também de resgatar os mediadores e vários aspectos da vida cotidiana que impulsionam e explicam essas formas de sociabilidade. O capítulo aborda as mudanças nas formas em termos de fatos históricos, na sociedade civil e junto ao poder público. As formas de expressão e manifestação associativas são apresentadas em oito categorias, nomeadas como: 1) participação comunitária; 2) participação popular; 3) participação sociopolítica e cultural na sociedade civil; 4) participação cidadã em políticas públicas; 5) participação globalizada e participação político-social e cultural das juventudes; 6) participação empreendedora; 7) participação conservadora e/ou autoritária; e 8) participação social institucionalizada. A participação social institucionalizada será exemplificada no capítulo 1, com o Conselho de Participação Social no período de 2023 a 2025 (Governo Lula III). As demais formas serão exemplificadas do capítulo 3 ao 5.

Cada modalidade das formas de participação foi construída em determinado tempo histórico e diz respeito a determinados territórios, sujeitos e públicos. Não se trata de uma sequência linear e evolutiva, cada uma tem características do tempo de seu surgimento, mas foram se transformando, muitas vezes metamorfoseando-se e gerando outras. Por isso o termo "metamorfose" no título do livro, transformação de formas que afetam a subjetividade e a identidade dos sujeitos em cena, muitas vezes estilhaçadas pela crueldade da objetividade do contexto neoliberal capitalista.

O capítulo 2, "Contextualizando a cena: a crise da democracia na atualidade", objetiva focalizar contextos das ações coletivas que indicam mudanças e alterações nas formas de engajamento dos sujeitos em cena. Apresenta inicialmente um panorama do cenário político e social, partindo da crise mundial na democracia, em busca de indicadores que possam explicar seus efeitos e impactos no processo democrático. São analisadas na conjuntura nacional três áreas: trabalho, religiosidade e segurança pública. O grande crescimento de igrejas cristãs evangélicas (e outras) nas últimas três décadas, nas regiões periféricas, foi incentivo à construção de redes de solidariedade, reciprocidade e confiança, que tendem a priorizar os "irmãos de fé", ou seja, aqueles que compartilham a mesma religião. Esses moradores tendem a participar menos de outras formas de associação, como partidos políticos, sindicatos e espaços recreativos comuns, uma vez que as igrejas competem pelo tempo livre de seus fiéis, criando espaços de socialização dentro delas mesmas e elos de participação com as formas de empreendedorismo local. A segunda parte desse capítulo aborda os coletivos, tratados como "novidades" que renovaram a cena do associativismo nas ações coletivas do país, especialmente nas capitais, mas usualmente são invisibilizados ou confundidos com os movimentos sociais.

A participação comunitária popular e a do empreendedorismo social são exemplificadas no capítulo 3: "Coletivos, movimentos e organizações periféricas urbanas". As novas redes de sociabilidade construídas com as inúmeras oficinas de costura solidárias, cozinhas comunitárias, centros de recreação e produção cultural, escolas de arte, quadras poliesportivas etc. surgiram de coletivos periféricos, ou deram origem a eles. Suas atividades têm construído polos de sociabilidade e cultura e muitas redes se transformaram em bases de comércio no plano local, gerando emprego e renda, modificando as formas de associativismo no local de moradia, que se une ao ambiente de trabalho. Os moradores sabem avaliar o custo-benefício e optam por caminhos que lhes prometam alguma segurança e esperança. Também será dado destaque para a participação das mulheres e da juventude. A favela de Paraisópolis, na Zona Sul de São Paulo, a maior da cidade em termos numéricos, será analisada como exemplo, onde temos atualmente a participação sociocomunitária de empreendedores, coletivos culturais e de trabalho e mudanças significativas nas associações de moradores.

O capítulo 4, "Movimentos dos povos originários: indígenas", exemplifica a forma de participação político-cultural dos povos indígenas no Brasil. As ações coletivas dos indígenas são analisadas sob a perspectiva de um movimento social, e desde já informamos: há inúmeros coletivos nas diferentes etnias, especialmente coletivos culturais. Trata-se do caso de coalização de interesses entre movimento e coletivos, citados no capítulo 2. A análise do movimento parte de um resgate de sua história a partir da década de 1970, detendo-se na atualidade – manifestações, representações e relações com o poder público. Apresentam-se como lutas que existem e resistem, especialmente na Amazônia. Destaca-se a participação das mulheres e da juventude indígena. A análise da luta dos povos originários indígenas para a garantia de seus direitos é feita em dois momentos importantes da conjuntura sociopolítica brasileira: na fase da ditadura militar e construção do principal instrumento jurídico do país, a Constituição Brasileira de 1988, e no período de redemocratização, com muitas tensões e polarização política, de 2020 a 2025, quando o tema do Marco Temporal é colocado no campo das disputas por direitos de terras e territórios dos indígenas. A escolha desses dois momentos tem com o Marco Temporal uma ligação direta. Nos períodos selecionados, a luta pelos direitos dos indígenas ganhou protagonismo junto ao sistema judiciário, especialmente ao Superior Tribunal Federal (STF), e a diversas articulações de associações dos povos indígenas com a sociedade civil organizada em ONGs, além de outras entidades associativas, nacionais e internacionais.

O capítulo 5, "Ecos e enigmas de junho de 2013 a decifrar – 12 anos depois", exemplifica a participação dos jovens, das juventudes e a participação globalizada ao focar junho de 2013. Analisa-se o significado de junho de 2013 para a geração do novo associativismo brasileiro da década de 2020, investigando-se seus impactos e possibilidades a partir de 2025. Como se diferenciam e se relacionam os jovens autores de grande parte das manifestações de junho de 2013, a exemplo do Movimento Passe Livre (MPL), e os jovens e lideranças de formas de associativismo na atualidade? Quais são os valores e as formas de organização dos jovens? As análises apontam que junho de 2013 demarcou novas possibilidades de organização, estratégias e conteúdo das pautas. Redescobriu-se o valor e a importância das estruturas horizontais e da autonomia tanto nos grupos mais próximos ao ideário da esquerda, como o próprio MPL, como nos grupos autonomistas com inspiração no ideário anarquista, além de outros. Os jovens passaram a apostar em coletivos e outras formas de sociabilidade mais horizontais e transversais, constituindo-se em contrapúblicos de resistência. As manifestações de 2013 impactaram a sociedade e a agenda de governantes. O legado de junho de 2013 ainda está em disputa entre setores sociopolíticos, especialmente entre diversos segmentos da esquerda. Após mais de uma década, ainda é um "enigma a decifrar".

Concluo esta apresentação com agradecimentos ao Conselho Nacional de Desenvolvimento Científico e Tecnológico (CNPq) pelo apoio institucional e pela concessão da Bolsa de Produtividade A, que tem tornado possível a dedicação exclusiva à pesquisa. Agradeço à Editora Vozes e todo seu editorial, especialmente à Aline Santos, pelo acolhimento da proposta que se transformou neste livro. E agradeço aos colegas parceiros das discussões sobre os coletivos nos últimos anos, entre eles Claudio Luís de Camargo Penteado, Olívia Cristina Perez, Marcelo de Souza Marques, Fernando Lima Neto e Taísa Sanches.

Dedico este livro à Professora Angela Randolpho Paiva, *in memoriam*, grande intelectual defensora dos direitos humanos, amiga e parceira de muitas jornadas acadêmicas. Partiu cedo, mas deixou um grande legado que manterá sua memória e sua contribuição para sempre.

Capítulo 1

Panorama das formas, categorias e ciclos de participação da sociedade civil em ações coletivas no Brasil

Participação é uma das palavras mais utilizadas no vocabulário político, científico e popular da modernidade. Dependendo da época e da conjuntura histórica, aparece associada a outros termos, como *democracia*, *representação*, *organização*, *conscientização*, *cidadania*, *solidariedade*, *inclusão*, *exclusão* etc. Vários foram os teóricos que fundamentaram o sentido atribuído à palavra *participação*. Podemos analisá-la segundo três níveis básicos: o conceitual, o político e o da prática social. O entendimento dos processos de participação da sociedade civil e sua presença nas políticas públicas nos conduz ao entendimento do processo de democratização da sociedade brasileira.

Em publicação anterior, registrei que o estudo científico sobre a participação remonta ao século XVIII, com as formulações de J.-J. Rousseau e de teóricos do liberalismo, como John Stuart Mill, G.D.H. Cole e A. de Tocqueville (que focalizavam a participação em governos locais, assim como Thomas Jefferson); estas foram seguidas, no século XIX, pelos socialistas utópicos (em especial Owen e Fourrier) e pelos socialistas libertários (principalmente Proudhon e Kroptkin). Marx e Engels deram origem a uma tradição analítica que gerou um paradigma. Nas ciências sociais, o conceito de participação faz parte do repertório de formulação clássica na teoria da ação social tanto nas versões weberiana e parsoniana quanto nas teorias críticas de diferentes matizes teóricas. Historicamente, a participação aparece como objeto de estudo mais na área da ciência política, relacionada à participação em pleitos eleitorais e à caracterização de regimes políticos. Os estudos de Pizzorno sobre a participação política contribuíram para essas abordagens. Para Pizzorno, "a participação política é uma ação em solidariedade para com o outro, no âmbito de um estado ou de uma classe, em vista a conservar ou modificar a estrutura do sistema de interesses dominante" (Pizzorno, 1975, p. 21). Usualmente considera-se a participação política como um processo que se relaciona ao número e à intensidade de indivíduos envolvidos na tomada de decisões. Isto porque, desde o tempo dos antigos gregos, a participação consistiu idealmente no encontro de cidadãos livres debatendo publicamente e votando sobre decisões de governo. Ela se articula com a questão da democracia em suas formas direta e indireta (representativa). Dalmo Dallari utiliza outro fundamento para categorizar participação política quando diz: "Entre as mais eficientes formas de participação política estão os trabalhos de conscientização e de organização". O autor distingue também, na participação política, a formal e a real: "A primeira limita-se aos aspectos secundários do processo político. A segunda, real, é aquela que influi nas decisões políticas fundamentais" (Dallari, 1984, p. 51, 91).

No entanto, a participação sempre esteve presente na sociedade civil, nas relações entre grupos sociais e seus movimentos, não somente no campo da disputa política, nos pleitos e nas eleições. Grupos de pesquisa sobre a participação em movimentos sociais e outras ações coletivas já completaram 40 anos, a exemplo do Núcleo de Pesquisa em Movimentos Sociais (NPMS) da Universidade Federal de Santa Catarina (cf. "Balanço SEID").

Nos anos de 1970, dado o regime político militar vigente em grande parte de países latinos, a participação passou a ser observada e analisada no sentido da participação da sociedade civil em sindicatos, organizações de base (especialmente nas Comunidades Eclesiais de Base, as chamadas CEBs), em associações de moradores etc. e com foco menor nos processos eleitorais e no voto (Dahl, 1998) ou integração de migrantes do campo para a cidade, nos moldes da teoria da modernização da década de 1960. Segundo W. Outhwaite e T. Bottomore, participação

> é um conceito ambíguo nas ciências sociais, pode ter um significado forte ou fraco. [...] o princípio da participação é tão antigo quanto a própria democracia, mas se tornou imensamente mais difí-

> cil em consequência da escala de abrangência do governo moderno, bem como pela necessidade de decisões precisas e rápidas – como omissão é motivo de protesto por parte dos que exigem maior participação (Bottomore; Outhwaite, 1993, p. 558).

Sabe-se que a participação como direito de tomar parte e influir nas decisões da vida social e política do país, assim como o direito ao associativismo, foram direitos políticos conquistados no Brasil na Constituição de 1988, após décadas de lutas empreendidas pela sociedade para ter acesso a diretos sociais, políticos e culturais, bem como à cidadania (Paiva, A. R., 2021). A leitura dos processos de participação da sociedade civil e sua presença nas políticas públicas nos conduz ao entendimento dos processos de luta da democracia. No Brasil, se fizermos um recorte a partir da queda do populismo democrático que vigorou no país entre 1945-1964, observa-se algumas fases marcantes de diferentes processos participativos. Registrou-se lutas pelo retorno à democracia (1964-1984); ações para implementar conquistas democráticas nas políticas públicas e na sociedade, após a Constituição (de 1988 até 2016); atos e manifestações para "desdemocratizar" o país (de 2018-2022); lutas, resistência e resiliência para restaurar e manter a democracia (após 2022-2023); e frentes e ações para restaurar processos democráticos (2023-2025). No entanto, essas fases contemplaram inúmeras formas de associativismo civil que não se enquadram em um só tipo homogêneo de participação social e/ou política. Em cada período, as formas de participação se reinventaram, se transformaram, se metamorfosearam, configurando ciclos que são formatados pela dinâmica e por mudanças na sociedade, na política e nas tecnologias das comunicações.

Por isso, para entender o que se passa na atualidade na sociedade brasileira, em termos de associativismo civil e da cultura política que está sendo gerada, temos que resgatar a memória destes ciclos participativos, nomeando-os segundo seu tempo de irrupção na cena pública, não apenas de acordo com o lado dos sujeitos/agentes em ação ou dos repertórios de demandas em pauta; é preciso também resgatar os mediadores e vários aspectos da vida cotidiana que impulsionam e explicam essas formas de sociabilidades, já citados na apresentação deste livro.

Este capítulo aborda mudanças ou criação de formas participativas no Brasil com base em fatos históricos ocorridos na sociedade civil e junto ao poder público desde a década de 1970 até o ano de 2025. As formas de expressão e manifestação associativas são analisadas sob a modalidade de categorias. Apresentam-se oito categorias nomeadas como: participação comunitária (1); participação popular (2); participação sociopolítica e cultural na sociedade civil (3); participação cidadã (4); participação globalizada e participação político-social e cultural das juventudes (5); participação empreendedora (6); participação conservadora e/ou autoritária (7); e participação social institucionalizada (8).

Como foi dito na apresentação, cada modalidade foi construída num determinado tempo histórico e diz respeito a determinados territórios, sujeitos e públicos. Não se trata de uma sequência linear e evolutiva; cada uma tem características do tempo de seu surgimento, mas foram se transformando, muitas vezes se metamorfoseando e gerando outras. Na atualidade podemos encontrar todas elas em cooperação/colaboração, em conflito ou isoladas. Cada uma tem várias interpretações teórico-analíticas segundo os fundamentos de abordagem adotado por seus autores.

A seguir, apresenta-se as oito categorias da participação civil, sendo que as duas primeiras são tratadas resumidamente porque já publicamos a respeito (Gohn, 2019, 2022). Seus registros agora são necessários para se ter parâmetros para alguma análise comparativa entre o passado e a atualidade. O item da categoria oito, da participação social, vai além das suas características neste capítulo e apresenta um exemplo dessa forma em ação na atualidade, fazendo uma análise do Conselho de Participação Social no período 2023-2025 (Governo Lula III).

1. Participação comunitária

A primeira categoria predominou na segunda metade da década de 1960. A respeito, publicamos como suas principais características:

> Ao longo da década de 1960 houve a inscrição da participação da população em políticas públicas, como "participação comunitária", de

> cunho reformista e integrador, estimulada por programas oficiais, tanto antes como depois de 1964. Essa forma de participação da população civil, especialmente entre os grupos populares, na vida pública, inseria-se em programas e propostas de ajuda econômica e social do governo norte-americano para a América Latina, efetuada entre os anos de 1961 e 1970, na chamada Aliança para o Progresso [...] (Gohn, 2019, p. 68).

Foram firmados vários acordos entre o Ministério da Educação e Cultura do Brasil (MEC) e a Agência dos Estados Unidos para o Desenvolvimento Internacional (Usaid) na década de 1960[3].

A participação comunitária era mais um conjunto de regras e procedimentos para serem ensinadas às populações, basicamente aquelas advindas do meio rural, ao migrarem para as grandes capitais (lembrando que na década de 1960 houve a inversão estatística: a maioria da população brasileira passou a ser urbana, ao invés de rural, como nas décadas anteriores). A área do serviço social era acionada de forma assistencial, para ensinar e monitorar os novos hábitos e comportamentos sobre como viver na cidade, em comunidade.

---

3. A Usaid foi criada em 1961 pelo Presidente John F. Kennedy e assumiu um perfil de ajuda humanitária em várias partes do mundo, inclusive no Brasil, com apoio ao treinamento de brigadistas na Amazônia, alguns formados por grupos de indígenas. Em 2025, o Presidente Donald Trump decretou o corte de verbas para ajudas externas, atingindo também a Usaid tema a ser tratado no capítulo 2 ao discutir as tensões e crises da democracia.

Esta concepção de participação comunitária deriva da concepção liberal, na qual se concebe o fortalecimento da sociedade civil em termos de integração, das entidades, pessoas e órgãos representativos da sociedade aos órgãos deliberativos e administrativos do Estado. Por isso a participação corporativa/comunitária se caracteriza como uma forma semi-institucionalizada: os grupos organizados devem participar dos aparelhos de poder estatal de forma que as esferas do público e do privado possam se relacionar. Ao tratarmos do tema dos conselhos, observaremos que várias propostas elaboradas no passado, em especial na década de 1980 no Brasil, também se estruturaram segundo estes pressupostos. Esta concepção entende a participação como um movimento de indivíduos isolados, no qual não se colocam as questões das diferenças de classes, raças, etnias etc.

Pateman (1992) define três tipos de situações de participação: a pseudoparticipação (quando há somente consulta a um assunto por parte das autoridades); a participação parcial (muitos tomam parte no processo, mas só uma parte decide de fato); e a participação total, situação em que cada grupo de indivíduo tem igual influência na decisão final.

Arnstein (1969) propõe um esquema similar ao de Pateman, mas seus "graus de participação" são distintos. Ele começa pelo nível mais baixo e o denomina de "manipulação" (que é quase sinônimo de não participação); segue com três outros graus que denomina de graus práticos, a saber: a terapia, a informação e a consulta. Os últimos graus se referem a um poder comunitário e se desdobram em quatro tipos: conciliação, associação, poder delegado e controle comunitário propriamente dito.

2. Participação popular

Na segunda metade da década de 1970 e ao longo dos anos de 1980 desenvolveu-se a participação popular na sociedade civil, em lutas contra o regime militar.

> A partir da década de 1970 inicia-se um novo ciclo de lutas sociais, de resistência ao regime militar, numa conjuntura de forte controle social, vigência do Ato Institucional n. 5, prisão e perseguição a todos que se opunham ao regime político a partir de 1964. Esta resistência se intensifica a partir da segunda metade da década de 1970, buscando brechas para a restauração da democracia. Movimentos pela anistia a exilados e presos políticos, movimentos advindos das Comunidades Eclesiais de Base, movimentos do novo sindicalismo do ABCD paulista e outras regiões, movimentos populares de mulheres em bairros da periferia por creches ou de moradores por transportes coletivos, por postos de saúde... Tudo isso criou o contexto de um novo ciclo de lutas na sociedade brasileira. Emerge outra categoria de participação, completamente oposta àquela que foi estimulada por políticas públicas na década de 1960 no campo do associativismo civil, que foi a participação popular, em bairros e regiões da periferia das grandes cidades, em

> busca de condições mínimas de sobrevivência no meio urbano, de luta por direitos sociais básicos, em uma conjuntura política totalmente desfavorável. Os grupos inseridos nessa forma se aliam a outros grupos, de intelectuais e de oposição política ao regime militar, para lutarem pela redemocratização do país. Essa forma é fundamentalmente distinta da forma anterior, a participação comunitária estimulada, por não estar mais vinculada ao processo de integração marginal, ao desenvolvimento capitalista, e sim à reivindicação de direitos sociais básicos, que resultaram, após 1984, no processo constituinte que levou, após 1988, à reformulação do Estado e à formulação e implementação de políticas públicas (Gohn, 2019, p. 69, 70).

Os movimentos sociais populares e os grupos das Comunidades de Base (CEBs), da Igreja Católica, principais agentes que compunham a forma de participação popular nas décadas de 1970 e 1980, valorizavam as experiências passadas de seus membros, especialmente como troca de relatos das situações vivenciadas, nas reuniões presenciais de participação direta e na formação de sujeitos coletivos, visando a resolução dos problemas (Sader, 1988). As memórias eram revisitadas num processo de educação popular, nos moldes da pedagogia de educação popular de Paulo Freire. Eram relatos do passado em busca de entendimento do presente, que se transformavam em planos de ação visando o futuro, ressignificando as experiências, portanto. Na atualidade, a exemplo dos coletivos a serem caracterizados no capítulo 2, a experiência no presente é mais importante do que as memórias do passado, porque isso significa vivenciar algo novo, ter acesso a práticas negadas ou inacessíveis economicamente; vivenciar corporalmente a experiência dos corpos dos sujeitos da ação.

3. Participação sociopolítica e cultural na sociedade civil

A participação sociopolítica e cultural configura a terceira categoria a partir do final dos anos de 1970 e ao longo da década de 1980 em relação a movimentos sociais e organizações identitárias e culturais. Nessa modalidade a participação ocorre não apenas como mecanismo para motivar as pessoas a se envolverem com a comunidade, com a vida da escola, no bairro etc. Na verdade, passa a ver o papel do sujeito em ações coletivas, movimentos sociais, organizações civis etc., ressignificado de acordo com marcos de identidade de gênero, raça, sexo, nacionalidade, faixa etária etc.

Denomino este tipo de participação como "participação sociopolítica" porque ela não se limita ao social, à sociedade; ela se constrói paralelamente à elaboração e à aplicação de políticas públicas, pressionando. Por isso é participação sociopolítica; e é cultural porque as identidades e pertencimentos são chaves, são amálgamas dos modos e das formas de agir e pensar nesta modalidade. São laços culturais advindos de pertencimento a gênero, raça, cor, etnia, crenças religiosas, causas sociais, ambientais ou de defesa do patrimônio territorial construído, criando movimentos, organizações e grupos sociais produtores e geradores de identidades sociais em busca do acesso a direitos sociais, políticos, econômicos e culturais aos cidadãos excluídos por múltiplas razões.

Na década de 1980 os atores e sujeitos dessa forma de participação atuavam de forma agregada por campos temáticos: movimentos de mulheres, movimentos e organizações dos afrodescendentes, movimentos de *gays* e lésbicas (denominações da época), ONGs de meninos e meninas nas ruas etc. Na década de 1980 passam a usar e a atuar em redes sociais temáticas e ampliam-se para o nacional, saindo do âmbito mais local (Scherer-Warren, 1993). Ganha relevância na participação o pertencimento, entendido como um sentimento de identidade que gera motivação. Os laços sociais que unem os indivíduos que participam não se localizam apenas no território (vizinhança), no local de trabalho ou em outras bases de relações locais. São, antes de tudo, identidades construídas a partir de reconhecimento difuso do eu e do outro, ultrapassando as rígidas fronteiras de sociabilidade antes predominantes, definidoras – por exemplo, as identidades de classe e de nação. Os movimentos sociais identitários foram os principais sujeitos desse tipo de participação, chamados nos anos de 1980 de "novos movimentos sociais". O período foi denominado também como a fase movimentalista das ações coletivas na sociedade civil. Observa-se que "sociedade civil" é também uma categoria que sofreu metamorfoses ao longo dos anos (Costa, S., 1997).

4. Participação cidadã em políticas públicas

Os anos de 1990 resultam de uma trajetória de lutas para implementar as conquistas institucionais de 1988, destacando os conselhos gestores e outros espaços institucionais, como o orçamento participativo, a criação do SUS etc. Essa modalidade possibilitou requalificar a temática da participação em outras dimensões, que dizem respeito ao aprofundamento da democracia, à construção de um novo paradigma às ações coletivas baseado na categoria da cidadania, dos direitos sociais e à construção de novos espaços de participação lastreados não em estruturas físicas, mas em relações sociais novas, que se colocam entre o público e o privado, originando o público não estatal (Dagnino, 2004).

Então a participação comunitária e a participação popular, categorias predominantes entre o final da década de 1970 e durante a década de 1980, cedem lugar, após a Constituição de 1988, a uma nova denominação: "participação cidadã".

Na participação cidadã, a categoria central deixa de ser a comunidade ou o povo e passa a ser a sociedade, por isso vários documentos tratam-na como participação social, referente à sociedade e aos direitos sociais previstos na Constituição. A participação cidadã está lastreada na universalização dos direitos sociais, na ampliação do conceito de cidadania e numa nova compreensão sobre o papel e o caráter do Estado, remetendo à definição das prioridades nas políticas públicas a partir de um debate público.

A participação passa a ser concebida como intervenção social periódica e planejada, ao longo de todo o circuito de formulação e implementação de uma política pública, porque toda a ênfase passa a ser dada nas políticas públicas, políticas essas sob pressão das mudanças neoliberais da época. Recorro novamente a dois trechos de publicações anteriores para exemplificar o funcionamento dessa forma participativa:

> Na década de 1990, os processos de globalização econômica e as reformas políticas neoliberais desmantelaram boa parte da capacidade de o Estado controlar, via políticas públicas reguladoras, problemas ambientais, assim como problemas de ordem socioeconômica, como desemprego, pobreza etc. Este fato abriu espaço para que organizações da sociedade civil, ONGs, movimentos sociais e ambientalistas ganhassem novos espaços de poder como estruturas instituintes não formais, no lugar de um instituído ausente, o Estado. Em síntese: ampliação da esfera pública por parte de setores organizados da sociedade civil em luta pela construção de suas identidades; e os efeitos das reformas que configuraram novo papel para o Estado na sua relação com a sociedade (Gohn, 2001, p. 17).

Em livro mais recente, ainda sobre a década de 1990, assinalei:

> Com a progressiva abertura de canais de participação e de representação política, a partir

das pressões populares, promovida pelos novos governantes, os movimentos sociais (especialmente os populares) perderam paulatinamente a centralidade que tinham nos discursos sobre a participação da sociedade civil. Passa a haver uma fragmentação do que se denominou como "sujeito social histórico", centrado nos setores populares, fruto de uma aliança do movimento sindical + movimento popular de bairro (trabalhadores e moradores), até então tidos como relevantes para o processo de mudança e transformação social. Surge uma pluralidade de novos atores, decorrentes de novas formas de associativismos que emergem na cena política. A autonomia da sociedade civil deixa de ser um eixo estruturante fundamental para a construção de uma sociedade democrática porque, com a saída dos militares e o retorno dos processos eleitorais democráticos, a sociedade política, traduzida por parcelas do poder institucionalizado no Estado e seus aparelhos, passa a ser objeto de desejo das forças políticas organizadas. Novos e antigos atores sociais fixarão suas metas de lutas e conquistas na sociedade política, especialmente nas políticas públicas (Gohn, 2019, p. 81-82).

A partir do ano 2000, formas de gestão deliberativas impulsionaram inúmeras inovações no campo da participação cidadã, como a participação via eletrônica, redesenhando o formato de construção de várias políticas sociais com a generalização do uso de conferências (que culmina com propostas para dar suporte, por exemplo, a um novo plano decenal) ou a criação de um órgão que cuide de um tema ainda não contemplado em sua especificidade, a alimentação, com o Conselho Nacional de Segurança Alimentar (Consea).

É importante observar que este tipo de participação teve maior desdobramento e desenvolvimento no primeiro quartil do século XXI, fornecendo bases para o surgimento de novas formas de organizar a participação, a exemplo dos coletivos, que serão abordados no capítulo 2. Essa participação produziu alterações na sociedade brasileira, no acesso à educação (inclusão de jovens ao sistema de ensino público, via cotas, ou no particular, via Prouni, além de programas de bolsas no exterior etc.); fortalecimento das pautas identitárias organizadas ao redor de questões de gênero, raça, etnia, ambientais, nacionalidades, religiões etc.

Os sujeitos que compõem estes grupos são originários de comunidades LGBTQIA+, povos originários – especialmente indígenas e ribeirinhos, povos afrodescendentes, imigrantes de várias nacionalidades e os defensores de causas ambientais e territórios do patrimônio histórico etc. Clivagens como gênero, gerações, etnia, raça e sexualidade passaram a ocupar importante lugar no debate sobre as desigualdades socioeconômicas e na luta contra elas.

Henrique Parra, ao resgatar o conceito de tecnopolíticas como ferramentas tecnológicas para fins políticos democráticos, destaca:

> A primeira década do século XXI foi um período de muitas experimentações, tanto no ambiente da pesquisa acadêmica como nas práticas de grupos ativistas e movimentos sociais. Em especial, nutríamos a ideia de que a digitalização e a internet poderiam contribuir para transformações institucionais no sentido de um aprofundamento democrático: experimentos de democracia direta e participação distribuída, ciberdemocracias, formas mais avançadas de controle cidadão sobre o Estado e as corporações; economias colaborativas e formas mais distributivas da produção e consumo; políticas de acesso a dados e informações; regimes não proprietários de produção de conhecimento, novas formas de colaboração entre cientistas profissionais e amadores etc. (Parra, 2023).

Mas, como veremos no capítulo 5, o desenrolar efetivo das ações coletivas ao longo da década de 2000 não realizou as esperanças acima, e novas demandas surgiram e cresceram a partir do ciclo de protestos de junho de 2013, que foi um divisor que muda o cenário da participação no Brasil.

Portanto, em relação à participação cidadã, não é apenas a sociedade civil a grande dinamizadora dos canais de participação, mas as políticas públicas também têm papel importante. A principal característica deste tipo de participação foi a tendência à institucionalização, entendida como inclusão no arcabouço jurídico institucional do Estado, a partir de estruturas de representação criadas e compostas por representantes eleitos diretamente pela sociedade de onde eles provêm. Os conselhos gestores, os programas de orçamento participativos, fóruns, câmaras etc. são exemplos históricos dessa modalidade.

Vários autores têm se dedicado a fazer balanços da participação de representantes da sociedade civil organizada em políticas públicas nos governos Lula I, II, no governo de Dilma Rousseff e no Governo Lula III em publicações nos últimos anos, a exemplo de Abers (2021), Avelino, Fonseca e Pompeu (2020), Fonseca *et al.* (2021), Lavalle (2011), Lavalle *et al.* (2022), Martelli, Almeida e Capella (2024) e Romão (2016).

5. Participação globalizada e participação das juventudes

Ainda na década de 1990 teve início a quarta categoria de participação: em movimentos e ações globais, iniciadas pelo movimento altermundialista ou antiglobalização, com protestos contra políticas neoliberais, iniciado com os protestos em Seattle (EUA), durante a Conferência Ministerial da Organização dos Estados Americanos (OEA); seguidos por outros protestos contra o Fundo Monetário Internacional (FMI), o Banco Interamericano de Desenvolvimento (BID) e o Fórum Econômico Mundial (FEM), organizado anualmente em Davos (Suíça), entre outros (Della Porta, 2007).

Paralelamente, aconteceram no Brasil as três primeiras edições do Fórum Social Mundial (FSM), entre 2001 e

2003. Os ativistas recebiam o apoio de inúmeras organizações, tais como de ambientalistas (Greenpeace e outros), religiosos (como Oxfam, Cristian AID e Ação Mundial dos Povos), rurais (como Via Campesina, Movimento dos Trabalhadores Rurais Sem Terra, o MST), sindicalistas etc. O movimento antiglobalização foi se desativando após o trágico 11 de setembro de 2011 e as repressões que se seguiram. Ativistas e ativismos ganham centralidade como categorias básicas nas ações coletivas dos jovens, no lugar da denominação usual nos movimentos clássicos tradicionais, que era a de militante (de um movimento, de um sindicato, de um partido etc.).

A participação global volta a ter grande relevância na década de 2010, com o avanço das novas tecnologias e o desenvolvimento das redes e mídias sociais, bem como de suas articulações nacionais e internacionais de ativistas. Este retorno, entretanto, deve focalizar os principais sujeitos da ação, agora atuando, portanto, como ativistas, não mais como militantes de certas siglas ou quadros de partidos ou sindicatos.

Sabe-se que a categoria *participação das juventudes* teve importância em 1968 e na década de 1990, com o movimento dos estudantes, os "caras-pintadas". Ela retorna à cena no século XXI, na década de 2010, de forma renovada, ampliada com ações e movimentos de jovens e estudantes dentro das universidades (caso dos bandejões), depois por questões do cotidiano (como a mobilidade urbana e a luta pela tarifa zero, com pula-catracas, boicotes etc.). Esta categoria cresce e seus protestos ganham importância e visibilidade nacional em 2013, passando a ser o motor não apenas de atos insurgentes nas ruas, mas da criação do que há de novo em termos de associativismo civil de uma dada faixa etária. É um associativismo geracional novo (o capítulo 5 aborda junho de 2013 e seus desdobramentos até a atualidade).

Sigo a abordagem que vê a juventude/o jovem como sendo uma construção social, ou seja, não é um fenômeno natural, mas uma categoria que é construída pelas diferentes sociedades. Ela não é homogênea, por isso deve-se falar no plural: *juventudes* e *jovens*. Ela nasce com a Modernidade, no período marcado pela ascensão da burguesia, pelo desenvolvimento do capitalismo e por mudanças sociais etc., e foi associada a ideias de modernos, diferentes, inovadores ou rebeldes. Essas imagens e representações construíram as narrativas e análises no século XX (Ariès, 1981).

Um ponto relevante na categoria sobre os jovens é a questão de geração e condição juvenil. A primeira é fundamental para compreender os conflitos de gerações, comparando a juventude atual com a de algumas décadas atrás ou a de seus pais. Já a condição juvenil é uma invenção mais recente, surgida entre os séculos XIX e XX, sobre a ideia de que era necessário prolongar os anos de escola para a formação moral e ética dos indivíduos antes que ingressassem no mundo do adulto. Essa linha de abordagem, conforme Hobsbawm (1995), destaca que, ao final século XX, os jovens passaram a ter o domínio das economias de mercado desenvolvidas, pois dominavam as tecnologias (lembrando que a maior parte dos programas de computador das décadas de 1900 foi projetada por jovens nas garagens das suas casas; esses jovens estavam na casa dos 20 anos de idade). Isso resultou em uma inversão de papéis, uma vez que os pais tinham muito a aprender com os filhos que cresceram familiarizados com as tecnologias. Nesse contexto, Hobsbawm chama atenção para uma dimensão da cultura construída pelos jovens, levando a um outro aspecto a respeito da grande capacidade de internacionalização da cultura urbana juvenil, por meio do *rock* e do *blue jeans*, no século passado. Acrescento, neste século, movimentos como *hip-hop*, *funk*, *slams*, batalhas de rimas, saraus de poesias, espetáculos de dança, blocos de Carnaval, entre outros, muito presentes na atualidade em coletivos culturais das juventudes que ocorrem em praças, ruas e outros locais públicos.

Questões de gênero, etnia, comunidades LGBTQIA+ etc., no século passado, eram tratadas de forma confusa e pouco articulada no entendimento de condição juvenil. Na atualidade, essas questões se tornaram centrais nas experimentações, vivências e demandas dos jovens/juventudes, enfocando temas identitários que remetem a questões culturais, pertencimentos e formas de ser e estar no mundo. Os coletivos de jovens são partes deste universo.

6. Participação empreendedora

A sexta categoria se configura a partir do final da década de 1990, com a chamada Lei do Voluntariado (ou do terceiro setor), que redefiniu o conceito de solidariedade e a categoria de trabalho voluntário – fora dos marcos filantrópicos e articulado às novas redes de sociabilidade. Isto se reflete drasticamente nas associações voluntárias. O bom vizinho agora é substituído pelo voluntário em uma ONG, em um trabalho que não se centra em questões específicas da comunidade, mas na ideia de um serviço prestado a uma causa mais geral, como juventude, droga, *homelessness*, por exemplo. É uma abordagem da participação lastreada no desenvolvimento de uma cultura cívica nos moldes de Putnam (1996), que preconizava o desenvolvimento de comunidades atuantes, compostas de organizações autônomas da sociedade civil, imbuídas de espírito público, com relações sociais igualitárias e estruturas fincadas na confiança e na colaboração, articuladas em redes horizontais. Essas comunidades são vistas como mecanismos poderosos de integração e habilitação dos cidadãos excluídos (por múltiplas razões) do acesso aos direitos sociais e políticos. Putnam destaca a importância dessas comunidades para a formação e o desenvolvimento do capital social de uma determinada região. Nessa abordagem, o capital social é visto como tão importante quanto o capital econômico pelo fato de ele gerar inovações, contribuir para minorar as desigualdades existentes e aprofundar o processo democrático ao ampliar a esfera pública, demarcando-a com práticas associativistas de caráter solidário e igualitário.

Neste novo cenário,

> projetos sociais passam a ter centralidade na forma de organização da população na década de 2000 por diferentes agentes mediadores, da sociedade civil ou política. Novos tempos, novas identidades são criadas ou impulsionadas. O campo do social passou a ser dominado por comunidades organizadas em projetos sociais com crianças, jovens, adolescentes, mulheres; cooperativas de todos os tipos de produtos e serviços, todos atuando segundo a lógica do desenvolvimento sustentável, nos marcos de uma nova economia social que tem como suposto a criação de "capital social" para a solução dos problemas socioeconômicos. Na realidade, as novas diretrizes colaborativas entre a sociedade e o Estado, com atitudes de parcerias e não de enfrentamento, advêm também de planos internacionais de desenvolvimento humano, elaborados pela ONU (Organização das Nações Unidas), inseridos no Pnud (Programa das Nações Unidas para o Desenvolvimento) desde 1990. A promoção da cidadania passou a ser associada à noção de "desenvolvimento humano" em uma abordagem que busca unir as capacidades (ou habilidades), e a elaboração teórica (saberes e conhecimentos produzidos ou acionados no processo), formulada por autores como o indiano Amartya Sen. No Brasil, a partir de 2003 o projeto da ONU passou a fazer parte da agenda nacional de governo e deu origem a um movimento que

> passou a atuar em rede – o Movimento Nacional pela Cidadania e Solidariedade (Movimento Nós Podemos – NP). E essa rede buscou articular as metas, objetivos e ações para atingir os objetivos de Desenvolvimento do Milênio (Gohn, 2019, p. 101).

A desativação de várias funções antes desempenhadas diretamente pelas estruturas estatais levou ao surgimento de arenas novas, fruto de parcerias entre o público e o privado-comunitário. Na sociedade civil, o cenário de meninos e meninas morando nas ruas, desde o final dos anos de 1990, levou ao surgimento de inúmeras ONGs para cuidar dessas crianças. Oficinas e cooperativas foram estruturadas em vários setores da economia para viabilizar a produção de pequenos negócios e enfrentar a concorrência com preços competitivos.

Levantamento realizado pela Associação Brasileira de Organizações Não Governamentais (Abong) no início dos anos de 2000 revelou que 70% das ONGs realizavam algum tipo de atividade educacional, sendo uma boa parte desenvolvida em parceria com instituições municipais ou estaduais. O que se destaca nas políticas sociais que envolvem parcerias entre órgãos públicos e as ONGs é que, ao lado das entidades com perfil democrático, outras entidades voltadas inteiramente para o lucro se instalaram, buscando se apropriar das mesmas políticas e incentivos. O próprio poder público federal alterou sua forma de tratar o desemprego e passou a estimular, por intermédio do Ministério do Trabalho e outros, a geração de pequenos empregos ou a formação de pessoal para atuar no setor de prestação de serviços. Estas ações se baseiam no seguinte tripé: governo, iniciativa privada (leia-se associações patronais) e entidades e organizações populares, incluindo-se os sindicatos de trabalhadores. Forma-se, assim, frentes coletivas onde há a parceria entre atores que, no passado recente, estavam em luta. E os programas acontecem porque se destinam verbas públicas e privadas para tal.

Com o passar do tempo, a participação organizada por ONGs e outras entidades associativas foram se transformando e na atualidade denomina-se *participação empreendedora*, estimulada por grupos e associações vistas como mecanismos poderosos de integração e habilitação dos indivíduos. A nova abordagem destaca a importância das comunidades para a formação e o desenvolvimento do capital social de uma dada região, capital este visto como tão importante quanto o capital econômico pelo fato de gerar inovações, demarcando-as com práticas associativistas de caráter solidário, resiliente, criativa e geradora de emprego e renda. A participação empreendedora incorpora a participação corporativa porque há agenciamentos de empresas, entidades do terceiro setor e personalidades do mundo artístico, dos esportes, do entretenimento, influenciadores etc. Lembrando que a participação corporativa é um derivativo da concepção liberal, focada nos indivíduos. É entendida como atos de vontade espontânea nos engajamentos dos indivíduos, que advêm de uma adesão do espírito (não da razão movida por um interesse particular). Há um sentimento de identidade e concordância com uma certa ordem social que cria algo superior chamado *bem comum* (muito diferente da concepção de *bem comum* dos povos originários, que se fundamenta em valores e pertencimentos ancestrais e em uma cultura holística).

Preconiza-se o bem comum de um grupo, de uma comunidade, de um empreendimento ou de uma empresa na participação corporativa como sendo o núcleo agregador e articulador dos indivíduos. Portanto, fundamenta-se como a razão do impulso para participar e para se engajar estando fora dos indivíduos, para além de seus interesses pessoais. No neoliberalismo, a categoria *participação corporativa* foi se alterando para uma participação colaborativa em que trabalhadores e funcionários em geral são tratados como "colaboradores", não como "empregados", criando um "clima" coletivo de responsabilidades e deveres, o que diminui, nas comunicações, as distâncias dos vínculos trabalhistas. Usualmente, a concepção colaborativa busca articular o processo participativo com base na existência de organizações na sociedade. O suposto é que as organizações existem apenas quando as pessoas participam.

Apesar de todos os argumentos críticos listados acima, deve-se reconhecer que o empreendedorismo já se tornou projeto e esperança de vida para milhares de pessoas no Brasil. Uma pesquisa de 2023 do Serviço Brasileiro de Apoio às Micro e Pequenas Empresas (Sebrae) mostra que a vontade de empreender já havia conquistado 60% da população do país. Políticas públicas incentivaram essa realização, a exemplo das facilidades para abrir uma microempresa (MEI) ou a lei de 2024 de concessão de crédito a microempreendedores etc. Há também os incentivos de *influencers*, a exemplo de Pablo Marçal, que arrebata os simpáticos ao empreendedorismo. E o fator das crenças religiosas, do crescimento do número de evangélicos, que professam uma teologia da prosperidade (a ser desenvolvida no capítulo 3).

Finalizando, registra-se: o campo do empreendedorismo popular não se restringe à área de negócios de famílias ou grupos para geração de renda. Há que se destacar também o campo da chamada economia criativa, vinculada ao comportamento dos jovens e ao gosto das novas gerações por atividades derivadas da criatividade: *games*, audiovisual, música, eventos, tecnologia, moda – exemplos óbvios de áreas profissionais que são preferidas pelos jovens de hoje.

A caracterização da categoria *participação empreendedora* será exemplificada no capítulo 3 deste livro, ao abordarmos o bairro de Paraisópolis, em São Paulo.

7. Participação em contramovimentos

Contramovimentos é uma categoria que tem sido utilizada no Brasil para analisar os atos antidemocráticos nas ruas e os ataques nas redes sociais ou em atos de vandalismo contra instituições públicas ou personalidades do mundo da política e da cultura. Segundo M. Silva e Pereira (2020), a categoria foi desenvolvida no âmbito de perspectivas relacionais de análise dos movimentos sociais e propõe um deslocamento do foco analítico para as relações de conflito entre organizações de movimentos sociais de perfis ideológicos ou de segmentos da população distintos. Existe uma polêmica sobre se contramovimento é ou não um movimento social, sendo relevante sintetizar aqui o debate a respeito porque, após junho de 2013, os contramovimentos dominaram a cena nas ruas por quase dez anos, e atualmente atuam nas redes sociais.

A rigor, a categoria *contramovimentos* está presente desde a década de 1960 nas análises das ações coletivas, especialmente dos movimentos sociais. Na ocasião predominava a visão de que "os contramovimentos são essencialmente reacionários e direcionados mais ao Estado e à sociedade do que ao movimento precursor" (Meyer; Staggenborg, 1996, p. 1.631-1.632). Esses autores deram uma contribuição relevante na década de 1990 ao debate sobre os contramovimentos ao analisar a questão do ponto de vista dos processos de interação entre movimentos opostos, como se retroalimentam e como a estrutura das oportunidades políticas alimenta esse processo. Na ocasião, Meyer e Staggenborg afirmaram que um "contramovimento é um movimento que faz afirmações contrárias simultaneamente às do movimento original" (Meyer;

Staggenborg, 1996, p. 1.631). O novo enfoque deslocou o olhar dos agentes externos e focalizou os próprios movimentos em ação, e levando os autores a concluírem que "a dinâmica do movimento-contramovimento provavelmente desempenhará um papel contínuo na política democrática na era moderna" (Meyer; Staggenborg, 1996, p. 1.656). De fato, essa abordagem prosperou quanto ao uso para além das fronteiras do mundo desenvolvido, chegando aos países em desenvolvimento, especialmente na América Latina, tendo Brasil e Argentina como representantes principais.

No entanto, a realidade socioeconômica e a política se alteraram muito desde a década de 1990, e a dinâmica do movimento-contramovimento não foi um fluxo de retroalimentação na política democrática, mas se transformou em alimentação e fortalecimento de grupos conservadores e radicais de direita, que têm visões de mundo não democráticas. Vinte anos depois do artigo citado, em 2016, Meyer deu uma entrevista na qual retoma alguns posicionamentos e diz: "As pessoas se movem entre movimentos dependendo das circunstâncias do lado de fora" (Meyer, 2018, p. 204). Eu acrescento a essa ponderação: as pessoas se movem dentro de seus valores, cultura política e visões de vida e de futuro; raríssimas vezes mudam para projetos políticos completamente opostos e distintos de seus valores e pertencimentos.

E o mundo mudou na última década, com retrocessos políticos, combate à democracia e projetos políticos autoritários que se espalharam em várias partes do globo. A apropriação de práticas democráticas, como ir às ruas e praças protestar, foi transformada em atos midiáticos convocados por redes sociais, com repertórios de demandas ultranacionalistas de combate a direitos adquiridos. O próprio Meyer corrobora nossas afirmações quando diz: "A proeminência dos temas muda com o tempo, e essas mudanças ocorrem de acordo com certas condições sociais" (Meyer, 2018, p. 201). Portanto, do meu ponto de vista, temos contramovimentos na atualidade que são conservadores, reacionários e voltados para combater e alterar o Estado, os poderes constituídos e os setores progressistas da sociedade civil, especialmente as parcelas organizadas em movimentos sociais que defendem políticas identitárias, de direitos de inclusão e contra injustiças sociais.

No Brasil, a partir de 2015, com o crescimento dos atos e novos grupos antidemocráticos (que já existiam antes), gera-se a necessidade de diferenciar movimento de contramovimento. A ideia de que "movimentos sociais não são distintos e podem se conectar uns aos outros" (Meyer, 2018, p. 204) é muito relativa – depende de que tipo de movimento estamos tratando, de seus projetos e visões de mundo. O próprio Meyer assinala que "a questão era como movimentos afetam uns aos outros" (Meyer, 2018, p. 204). Estou considerando também a advertência de A. Touraine:

> É necessário não aplicar a noção de movimento social a qualquer tipo de ação coletiva, conflito

> ou iniciativa política [...]. O essencial, aqui, é reservar a ideia de movimento social a uma ação coletiva que coloca em causa um modo de dominação social generalizada. [...] só há movimento social se a ação coletiva tem um impacto maior do que a defesa de interesses particulares em um setor específico da vida social – e se opõe a tal dominação (Touraine, 2006a, p. 18-19).

Outras referências a respeito da categoria *contramovimentos*, além de Meyer e Staggenborg (1996), são Codato (2015), Rocha (2021), Rosa *et al.* (2024), M. Silva e Pereira (2020), Solano (2018), Solano, Rocha e Medeiros (2021) e Wieviorka (2003).

Contramovimentos nas últimas duas décadas no Brasil

Grupos conservadores e/ou reacionários sempre estiveram presentes na história do Brasil, mas na década de 2010 se organizaram, saíram às ruas, organizaram atos de diferentes formatos, passaram a atuar predominantemente via redes online com articulações internacionais. Alguns desses conservadores já haviam se manifestado em 2007, em protestos do grupo "Cansei", e depois de 2013 utilizaram a denominação *movimento* para lançar suas organizações, caso do Movimento Brasil Livre (MBL), criado em 2014, que quis pegar carona no sucesso e protagonismo inédito do Movimento Passe Livre (MPL), querendo confundir a cena com uma sigla parecida. Atualmente, o MBL se articula para virar um partido político. Os membros desse movimento impulsionaram as grandes manifestações nas ruas contra a corrupção e pelo *impeachment* da Presidenta Dilma, entre 2015 e 2016. Esses movimentos atuam como organizações ou movimentos políticos. Os contramovimentos não são movimentos sociais, mas configuram uma forma de participação no rol das ações coletivas.

Eles defendem a desregulamentação de direitos sociais conquistados. Na realidade, fazem parte de uma onda mais geral no capitalismo, de retorno de grupos conservadores ao poder, de desmonte de direitos e políticas sociais progressistas das últimas décadas, num momento de crise econômica, inflação, desemprego e grandes fluxos migratórios populacionais fugindo de regimes autoritários de toda natureza.

Claudia Bonalume (2020) também não reconhece os contramovimentos como movimento social. Diz ela:

> Os contramovimentos tendem a ter formas de organização variadas, no entanto lançam mão da disputa pela via do antagonismo, a qual trata quem discorda de suas ideias como inimigo a ser abatido, combatido. Assim como os de direita, priorizam as pautas conservadoras, mas não reconhecem a democracia e entendem que a justiça social deve ser restrita a determinados grupos. Pregam ideias machistas, racistas, homofóbicas, misóginas, xenofóbicas, rechaçam as instituições públicas, a cultura, a educação, os direitos humanos e, quando convém, os partidos

> políticos, a política e a mídia. Esse tipo de postura e de posição coloca os grupos em questão em linhas e em conexões que se distanciam do que acredito que poderia ser considerado movimento social (Bonalume, 2020, p. 181).

As eleições municipais brasileiras de 2024 mostraram a força e a representatividade dessa categoria, não apenas pelo número de candidatos que elegeram, mas pelas pautas que adotaram e que devem ser vistas como componente de um grande universo da população brasileira. Como não se trata de um fenômeno só no Brasil, é preciso correlacioná-lo a mudanças globais, ao crescimento de regimes e gestores políticos conservadores, às formas de comunicação em redes sociais, às experimentações tecnopolíticas criadas e às novas formas de sociabilidade e mentalidades geradas em ambientes digitais que têm impactado processos políticos, econômicos, sociais e culturais. Sabe-se que o uso das tecnopolíticas podem promover oportunidades de inovações no repertório da ação coletiva, nos modelos de organização mediados por plataformas e em novidades nas estratégias de comunicação e ativismo. Isso vale tanto para grupos progressistas quanto para os conservadores, sendo que esses últimos parecem que estão na dianteira, pois foram engajados nos contramovimentos via este ambiente, enquanto os progressistas, em geral, vieram de formas diretas de comunicação, com reuniões, assembleias etc., então não dominam ainda com rapidez e agilidade as comunicações online.

8. Participação social institucionalizada

Ao longo da década de 2010, a categoria *participação social* passou a ser nomeada nos documentos oficiais que abordam a participação de representantes da sociedade nas políticas públicas. Milani (2008) já produziu um excelente balanço das políticas de participação social até quase o final da década de 2010.

Participação social não representa um sujeito social específico, mas se constrói como um modelo de relação na relação sociedade/Estado. Na participação social encontramos o conceito de mobilização com conteúdo ressignificado, porque ela deixa de ser vista como a aglutinação de pessoas para fins de protestos, manifestações públicas (como passeatas, concentrações etc.) – sem conflitos, portanto – para caracterizar grupos de pessoas com energias a serem canalizadas para objetivos comuns. "A mobilização ocorre quando um grupo de pessoas, uma comunidade e uma sociedade decidem e agem com um objetivo comum, buscando, cotidianamente, os resultados desejados por todos" (Toro, 2000, p. 12). O conceito de mobilização passa a ser uma das diretrizes básicas preconizadas nos programas para uma gestão participativa.

No Brasil na década de 2010, quando a categoria *mobilização* passou a ser usada pelo Governo Federal, ela foi criticada por analistas do campo progressista, por efeitos de desmobilização política de bases organizadas. Alegava-se que ela gerava um esvaziamento do conteúdo político da mobilização e sua transfiguração em processo para atingir resultados sobre determinadas pautas. Na atualidade, observa-se que ela foi resgatada e está sendo utilizada justamente para tentar reativar "bases desmobilizadas", a exemplo da reação do Governo Lula III, no início de 2025, face aos resultados da avaliação negativa do seu governo, em pesquisa realizada pela Quaest, com queda da popularidade na opinião pública. Reportagem da *Folha de S. Paulo*, ocupando uma página inteira, assinalou: "Líderes de organizações alinhadas ao governo se queixam de falta de uma postura mais incisiva do Palácio do Planalto em defesa de pautas que promovam debate e mobilização" (Tavares, 2005, p. A8). Tavares destaca, neste cenário, "o ineditismo de governar com uma oposição dura e fortemente organizada, depois da vitória com o resultado mais apertado desde a redemocratização".

Conclui-se que, na análise dos políticos no poder e de movimentos sociais que apoiam o Governo Lula III, como a Central de Movimentos Populares (CMP), há necessidade de fazer "disputa política" diuturnamente e que "só a institucionalidade é insuficiente para conter o avanço da extrema-direita e do fascismo" – declaração de Raimundo Bonfim, coordenador-geral da CMP, na reportagem de Tavares (2025). Observa-se que a mobilização passa a ser ressignificada, no campo político, como instrumento de reativação de bases desmobilizadas.

Olhando para o passado, o histórico relativo a "bases desmobilizadas" é uma ação decorrente de processos político e econômicos, e reativá-las também é um processo que leva certo tempo. Trata-se de uma outra categoria: a da participação política, nos moldes citados no início deste capítulo por Dallari (1984) ao dizer que a participação política envolve trabalhos de conscientização e de organização, certamente realizados de outra forma para os dias atuais, não apenas com cartilhas, rodas de conversas, grupos de discussões, como era nas décadas de 1970 ou 1980. Estamos na era digital. O processo de conscientização e organização não se confunde nem se reduz ao da comunicação (ou sua ausência, ou falhas) em relação às obras e ações que o governo faz, como foi registrado na mídia sobre o Governo Lula III. O processo de conscientização envolve uma metamorfose da participação social institucionalizada para a participação sociopolítica e cultural, em tempos de redes informacionais.

Olhando para experiências passadas, buscando aprendizados e lições, observa-se que reativar as bases é, primeiro, partir de pautas que digam respeito ao cotidiano da população, especialmente nos segmentos mais pobres, que são mais atingidos pela alta dos preços dos alimentos, a alta dos índices da inflação, o aumento da gasolina, diesel e derivados. O que preocupa os mais pobres, especialmente nos grandes aglomerados urbanos, é a falta d'água à noite, a violência urbana, a falta de remédios no posto de saúde, a fila do ônibus para ir ao trabalho, tendo que acordar cada vez mais cedo, para jornadas de no mínimo quatro horas diárias no trânsito dentro de uma condução, quando falamos dos grandes centros urbanos. Em segundo lugar, reconectar-se com as bases deve ser ir aonde elas estão, em seus territórios, não apenas convidando movimentos sociais clássicos a terem reuniões em Brasília, ainda que estas reuniões sejam extremamente necessárias e tenham sido exíguas nos primeiros dois anos do governo (2023-2024). Em terceiro, olhar para o que há de novo, especialmente os jovens nos coletivos, quando se busca "as bases", colocando uma lupa sobre as novidades, sobre o que mudou nas últimas décadas. Quarto: ter mediadores, interlocutores, usar novas tecnologias e não restringir a ação como tarefa ou atributo de um ministério – ou pior ainda, atributo do próprio gabinete presidencial. Finalmente, atuar em rede, não centralizadamente.

Ou seja, na disputa política, seja de bases, público, eleitores, apoio ideológico etc., qualquer termo ou recorte social que se enfatize, a participação política ganha a cena. E ela não mora só no poder, nos políticos em órgãos de gestão, nos representantes eleitos. Ela está e se faz predominantemente na sociedade civil, sendo importante tanto em suas formas associativas (destacadas ao longo deste livro) quanto na imprensa, nas redes sociais, junto aos institutos que aferem a opinião pública, analisando os resultados, não os negando ou os ignorando (a maioria destes institutos virou, na atualidade, termômetro para quase tudo, e a população presta atenção ao que circula como "opinião pública predominante"). Os agentes econômicos (mundo financeiro e empresarial, além de suas consultorias) devem ser observados e ouvidos.

E a disputa política não se faz somente nas ruas; ela se faz em vários espaços, nas ações cotidianas. As ruas são, entretanto, termômetros. Ora aparecem como estopim de algo que não vai bem, ora em apoio a causas solidárias. As passeatas e os protestos nas ruas ocorreram de forma insurgente, solidárias e pacíficas, ou com uso da violência, com os ativistas ou militantes demandando ações, denunciando atos ou políticas contrárias aos interesses da população ou de segmentos específicos (ou defendendo algo que está sendo perdido). Mas as ruas são também espaços de formação e cultura, seja pelos inúmeros atos e manifestações culturais, seja pelo uso como lazer, esporte, pela alegria, pelas centenas de blocos no Carnaval, em festivais, em paradas do orgulho LGBTQIA+, em batalhas de rimas, *slams* etc. Portanto, não são apenas meios de circulação e conexão entre os lugares. As batalhas de *slam*, muito comum entre os jovens, ocorrem, em sua maioria, em praças públicas.

Concluindo a caracterização sobre a participação social institucionalizada, vale lembrar que ela se difere completamente dos grupos de interesses e *lobbies* que atuam na cena política, pressionando o governo e os parlamentares, porque estes grupos são sempre extraoficiais. Nas políticas de participação social, a linha que une a sociedade ao governo é oficial, dada pela representação dos indivíduos provenientes de entidades, organizações, movimentos e coletivos nomeados para participar em estruturas governamentais oficiais, criadas via decretos etc.

Participação social em políticas públicas no Governo Lula III (2023-2025)

Uso a definição *participação social no Governo Lula III (2023-2025)* para exemplificar a categoria. É o termo usado e encontrado nos documentos do governo disponíveis no site do Governo Federal. Aqui, a análise se refere ao Conselho de Participação Social pelo período de dois anos, por isso o tema não é apresentado em um capítulo específico, porque não abrange todas as ações participativas da gestão em seus vários ministérios, afinal cobre o Conselho só durante os dois primeiros anos do governo. Os dados abrangem dois momentos importantes da história do Conselho de Participação Social e advêm de duas fontes básicas. O primeiro, sobre a construção da ideia do Conselho, em novembro e dezembro de 2022, fase de organização do Governo Lula III, portanto prévio à posse. Neste período foi criado um gabinete de transição subdividido em áreas temáticas. As principais fontes das informações utilizadas sobre este período são da mídia e do artigo de Martelli, Almeida e Capella (2024) que analisa as propostas a respeito de processos participativos geradas pelo grupo de transição. O segundo momento corresponde ao período 2023-2025, em pesquisa que realizei no site do Governo Federal, no Portal da Transparência e nos sites de alguns ministérios abaixo citados, todos os acessos feitos depois da posse. O foco continuou a ser a questão da participação social, agora no âmbito do Conselho de Participação Social.

No plano pré-posse, segundo Martelli, Almeida e Capella (2024),

> os documentos traduzem o desejo de ampliar a participação mencionando diversas tipologias de processos participativos, como minipúblicos e assembleias cidadãs. Além disso, há uma retomada da ideia de Sistema, originalmente proposta no Governo Dilma, visando a criação de um sistema nacional de participação popular integrado e articulado, com instâncias paritárias de gênero e raça (SRPS). A necessidade de revisitar os marcos existentes e interrompidos, como a Política Nacional de Participação Social, o Sistema Nacional de Participação Social e o Marco da Educação Popular para políticas públicas, foi reforçada nos debates, com a ênfase de que fossem mais inclusivos, contemplando juventude, paridade de gênero, diversidade racial e grupos que não tivessem ainda incluídos nas IPs. O debate sobre a ampliação da participação incluiu a criação de mecanismos participativos no planejamento orçamentário (Martelli; Almeida; Capella, 2024, p. 708).

Recordo que no primeiro governo da presidenta Dilma Rousseff foi assinado, em 23 de maio de 2014, um decreto instituindo uma Política Nacional de Participação Social que visava a consolidação da participação social como "método de governo".

Os documentos e as entrevistas resgatados na pesquisa de Martelli, Almeida e Capella (2024) mostram ênfase à necessidade de "buscar ativamente grupos excluídos, com o desenvolvimento de estratégias específicas para que esses grupos possam participar". A inovação desejada incluía pensar novas metodologias de participação nos conselhos e nas conferências para atrair novos participantes. As autoras destacam que os documentos reconhecem a necessidade de promover campanhas de mobilização e organização popular dos jovens, por exemplo, para colocá-los como protagonistas do processo de mudança da participação e da relação Estado-sociedade civil.

O artigo citado trata também da composição do grupo que elaborou o documento:

> O Gabinete de transição foi a primeira experiência participativa do novo governo. Além dos políticos, técnicos e servidores públicos, participaram do processo representantes de cerca de 500 organizações em mais de 50 Mesas de Diálogo que representaram diversidade regional, de gênero e raça e uma pluralidade de visões de mundo. Ademais, foram criados 32 Grupos Temáticos que envolveram cerca de mil pessoas trabalhando intensamente para levantar informações, fazer diagnósticos e planejar o novo governo nos mais variados setores. Também foram criadas outras duas instâncias de participação, contribuindo para a pluralidade do processo: o Conselho Político, que auxiliou na coordenação dos trabalhos do GT, e o Conselho de Participação Social, que reuniu mais

> de 50 entidades e contribuiu com a formulação da futura política nacional de participação social e sua relação com a sociedade civil (RGTG, p. 6-7). É importante registrar que, inicialmente, a participação, como política propriamente dita, não contava com um grupo de trabalho específico para seu debate. [...] A origem do Conselho de Participação Social no GT resulta de um processo político que remonta às mobilizações sociais dos anos anteriores construídas em torno das campanhas "Lula Livre" e "Fora Bolsonaro", então lideradas pela Frente Brasil Popular e Frente Povo Sem Medo. [...] podemos dizer que o aprendizado legado (com suas frustrações e apostas) e a necessidade de disputar a sociedade foram balizas que nortearam o planejamento da política de participação. Essas balizas já estavam presentes desde 2013 e 2014, quando a crise política que se abatia sobre o Governo Dilma havia levado muitos dos atores que então participariam do CPS a rever rotas, fazer balanços, projetar ações que fizessem frente àquele contexto (Martelli; Almeida; Capella, 2024, p. 705-706).

Em síntese, o grupo de trabalho do planejamento para o Governo Lula III reconheceu a importância de incluir os jovens e dar mais ênfase às mulheres. O plano contou com a participação de centenas de pessoas, incluindo representantes de movimentos clássicos tradicionais (MST, MTST etc.). Interessante destacar que a participação digital, fundamental nos tempos atuais, foi vista como "complementar" à participação social. Afirma-se a necessidade de retomar a plataforma Dialoga Brasil e a plataforma Participa.br, além de promover novas tecnologias e metodologias de participação digital.

> Se a ideia de participação digital não foi um tema forte no CPS, por outro lado, de acordo com alguns relatos, houve um crescente reconhecimento de sua importância, a ponto de ter sido prevista uma diretoria específica na estrutura projetada para a Secretaria Geral da República. A percepção de sua importância para a disputa na sociedade teria sido favorecida por dois motivos: o reconhecimento de que a direita tinha tido um sucesso inconteste em chegar "nos territórios" e nas camadas populares por meio das redes sociais; e a consolidação de uma "cultura digital" complementar à participação presencial (Martelli; Almeida; Capella, 2024, p. 709).

Uma das novidades do plano do Governo Lula III em relação à participação social foi recolocar a educação popular como ponto central.

> Reconhece-se que sem educação e formação, os mecanismos participativos ficam comprometidos. E fazer educação popular significa fazê-la de forma ampla e transversal, por dentro e por fora do Estado, envolvendo gestores públicos e as populações espalhadas pelos territórios brasileiros. A compreensão é a de que sem educação popular a política de participação não supera seus limites, já amplamente diagnosticados, e tampouco inova de forma a atrair novos segmentos sociais para o projeto democrático-participativo do novo governo (Martelli; Almeida; Capella, 2024, p. 711).

Ou seja, o Governo Lula III reconhece, como ponto de partida, antes de sua posse, a necessidade de "disputar a sociedade", dividida entre propostas democráticas e propostas conservadoras, como registrado no resultado das eleições, nas urnas em outubro de 2022. A participação social emerge, desde o planejamento do plano de governo, como uma estratégia política, uma ferramenta para ganhar adeptos, para politizá-los. E a educação popular é lembrada e acionada como meio operacional.

Conselho de Participação Social no Governo Lula III – 2023-2025

Em 2023, com o retorno do Presidente Lula ao Governo Federal, um outro momento da participação em esferas públicas entra na história política do país. Ao final de 2022, conforme caracterização acima, o tema da participação foi pauta na organização do novo Governo Lula III, com velhos e novos desenhos, além da participação social de velhos e novos atores, com antigas e novas demandas. Houve uma ampliação da agenda de temas e dos atores envolvidos, assinalando que se almejava envolver outros atores, os jovens, no caso. Entretanto, ainda durante o período de transição, no momento de recriação do Ministério da Cultura, decidiu-se extinguir a antiga Secretaria de Economia Criativa, incorporando essa função à Secretaria de Fomentos Culturais. Como foi dito anteriormente, ao tratarmos da participação empreendedora, a economia criativa atrai os jovens e os gostos das novas gerações por atividades derivadas da criatividade: *games*, audiovisual, música, eventos, tecnologia, moda.

Segundo Alê Youssef, colunista do UOL Nossa,

> o que estava disfarçado de um mero ajuste burocrático foi um tiro de canhão que inibiu a possibilidade de o Ministério da Cultura articular políticas efetivas para esses setores criativos emergentes e direcionou a pasta para ações focadas na base partidária militante e em políticas de teor mais ideológico, que estão anos-luz distantes da realidade e dos desejos das juventudes brasileiras. Sem essa agenda no Ministério da Cultura, o setor criativo buscou apoio em outras áreas do governo como nos ministérios da Indústria, Comércio e Serviços, Microempresas e até na área econômica. Em geral, as tratativas não tiveram sucesso [...].
>
> E os ministérios da Educação e do Trabalho não priorizam a qualificação de um enorme contingente de jovens ávidos para atuar nas diversas áreas da criatividade brasileira (Youssef, 2024, p. 3).

Não por acaso, o principal *slogan* do Governo Federal é "União e Reconstrução". A participação social não se fundamenta em um plano de mudanças estruturais, nem como método de governo (como proposto em 2014). Ela será um instrumento institucional do governo, como veremos a seguir.

O Governo Lula III começa com inúmeras inovações na sua composição, desde a criação de um Ministério dos Povos Indígenas, do Ministério dos Direitos Humanos e da Cidadania, do Ministério da Igualdade Racial, além da retomada da questão das mulheres, agora com *status* de Ministério das Mulheres. O ato da posse do Presidente Lula também teve simbolismos e *performance,* com diferentes categorias sociais de grupos excluídos subindo a rampa do palácio ao lado do presidente da República, Luiz Inácio Lula da Silva.

Oito dias depois, porém, em 8 de janeiro de 2023, os descontentes, perdedores, radicais conservadores de direita, invadiram e depredaram em Brasília a sede do Congresso Nacional e do Palácio do Alvorada. Foi a manifestação antidemocrática mais violenta nas últimas décadas, promovida por adeptos ou representantes dos perdedores nas urnas.

As principais ações do Governo Federal nos primeiros dois anos giraram mais em torno de pautas econômicas: reforma tributária, marco fiscal para regular gastos públicos; programas à população, também âmbito econômico (como o Desenrola Brasil, para ajudar a quitar dívidas), o Mover (voltado para mobilidade logística), o Acredita (crédito a pequenos empreendedores). Programas de auxílio econômico foram criados, como o Pé de Meia (bolsas para alunos do Ensino Médio), o Mais Professores (para fortalecer a profissão docente, estimulando o ingresso dos estudantes em cursos de licenciatura) e o retorno de programas sociais como o Bolsa Família (nos moldes anteriores), o Mais Médicos, Mais Acesso a Especialistas, o Minha Casa, Minha Vida e outros. A preocupação com o protagonismo internacional também ocupou uma boa parte da agenda governamental, de forma bem contraditória. Nos dois primeiros anos da gestão não se observou campanhas para promover a mobilização e a organização popular dos jovens, conforme citado no plano de governo, nem a participação social ou a educação popular preconizadas no plano pré-posse.

A temática social e identitária foi contemplada como estruturadora do campo da participação social na composição ministerial. Mas foi tão subdividida que a participação social, enquanto um canal atuante, não teve visibilidade nos dois primeiros anos de governo (2023-2024). Uma visita ao Portal da Transparência do Governo Federal, assim como ao site dos ministérios das áreas social, de direitos etc. denotam ações que estão colocadas mais como propaganda, sem apresentar resultados, e pouco articuladas entre os diversos ministérios que tratam mais especificamente de temas do social, em termos de possibilidades de participação. Uma das poucas iniciativas com visibilidade foi a ação, no Ministério das Mulheres, que instituiu o Fórum para Promoção da Autonomia e Inclusão Socioeconômica de Mulheres Catadoras de Materiais Recicláveis (Portaria n. 129, publicada no Diário Oficial da União em 16 de dezembro de 2024). O site do ministério qualifica o fórum como de caráter consultivo e informa que ele será coordenado pela

> Secretaria Nacional de Autonomia Econômica e Política de Cuidados do Ministério das Mulheres e composto por representantes da Secretaria

> Nacional de Enfrentamento à Violência contra Mulheres; Secretaria Nacional de Articulação Institucional, Ações Temáticas e Participação Política; Assessoria de Participação Social e Diversidade; além de representações de movimentos nacionais de trabalhadores de catadores e organizações de cooperativas de âmbito nacional.

Ao ler esta sequência de órgãos internos surge a lembrança das propostas no documento do plano elaborado em 2022.

O Conselho de Participação proposto no início da gestão foi criado pelo Decreto n. 11.406, de 31 de janeiro de 2023, que institui o "Conselho de Participação Social da Presidência da República". O Conselho de Participação Social passou a ter a seguinte estrutura: uma Secretaria Executiva, o Plenário e a Coordenação-Executiva Colegiada.

O ministro da Secretaria Geral da Presidência da República é também o secretário-executivo do Conselho de Participação Social. O site do governo registra ainda que:

> O Plenário é composto por representantes governamentais e de organizações da sociedade civil. O presidente da República o preside. Além dele, compõem o Plenário o ministro de Estado da Secretaria-Geral da Presidência da República, o Secretário-Executivo Adjunto da Secretaria-Geral da Presidência da República, o Secretário Nacional de Participação Social da Secretaria-Geral da Presidência da República, o Secretário Nacional de Diálogos Sociais e Articulação de Políticas Públicas da Secretaria-Geral da Presidência da República,

> o Secretário Nacional de Juventude da Secretaria-Geral da Presidência da República e sessenta e oito representantes de organizações da sociedade civil (Brasil, [202-], p. 2).

Por ser ligado à Secretaria-Geral da Presidência da República, o Conselho de Participação Social segue a Portaria n. 147, de 6 de março de 2023, que definiu a representação nos conselhos e nas comissões vinculadas à pasta para que tenham, no mínimo, 50% de mulheres em sua composição e, pelo menos, 20% dos assentos ocupados por pessoas autodeclaradas pretas e pardas.

Os membros que compõem o Plenário e a Coordenação-Executiva Colegiada do Conselho de Participação Social foram designados pela Portaria n. 14, de 19 de abril de 2023, republicada no Diário Oficial da União no dia 20 de abril de 2023 (Edição 76, Seção 2, página 3). A lista com os 68 nomes e grupos ou entidades que eles representam nos fornece uma visão sobre os movimentos, as entidades e as organizações sociais que apoiavam o Governo Lula em 2023. Anexamos ao final deste capítulo a lista das instituições que os indicados representam.

O Conselho teve um primeiro encontro em março de 2023 e uma segunda reunião ordinária em 30 de agosto de 2023. Aprovou quatro moções.

> 1 – Moção das Conselheiras e Conselheiros presentes no III Fórum Interconselhos contra o Marco Temporal; 2 – Moção pelo Plano Interministerial de Ação Afirmativa na Região Norte/Amazônia Legal; 3 – Moção de Conselheiras

> e Conselheiros de diversos espaços de participação, presentes no III Fórum Interconselhos, para que o Combate ao Racismo seja considerado programa prioritário no PPA 2024/2027; 4 – Moção de recomendação sobre a política econômica (Brasil, 2023, p. 1).

Em 16 de dezembro de 2024, o Conselho de Participação Social fez uma reunião ampliada, com cerca de 200 representantes da sociedade civil, e discutiu com o Ministro Márcio Macêdo, representantes da Casa Civil e do Ministério da Fazenda, as medidas de ajuste fiscal apresentadas pelo Governo Federal. Os representantes do Conselho de Participação Social e as organizações da sociedade civil abordaram praticamente todos os temas de que tratam as medidas, com destaque para as mudanças na concessão do Benefício de Prestação Continuada (BPC) que garante um salário-mínimo por mês aos idosos com idade igual ou superior a 65 anos ou a pessoas com deficiência de qualquer idade que comprovem baixa renda. O Ministro Márcio Macêdo finalizou a reunião:

> Todas as propostas serão sistematizadas pela equipe da Secretaria-Geral e serão entregues em formato de relatório ao Ministério da Fazenda e à Casa Civil para que possam ser consideradas durante a negociação com o Congresso Nacional (Brasil, 2024, p. 3).

Observa-se que o processo de mobilização e participação da sociedade civil teve várias inovações no período 2023-2025, tanto temáticas como de novos atores em ação. Mas a impressão primeira que se tem, em relação à estrutura e à composição do conselho, é a da recriação de estruturas de modelos participativos do passado, com algumas alterações. Antes, as conferências e os encontros tinham centralidade no processo participativo. Havia uma grande arena de participação em Brasília que reunia os participantes após os inúmeros encontros e seminários municipais e estaduais. Agora, a estrutura do conselho está mais atrelada à Secretaria Geral da Presidência; as reuniões são pautadas segundo agenda e interesses do governo, para atuarem como mecanismos de pressão social do Executivo sobre o Poder Legislativo. As moções acima citadas, aprovadas pelo conselho em dezembro de 2024, dois anos após o início da gestão Lula III, indicam que o papel de controle social do conselho sobre as políticas públicas ainda estava em busca de caminhos e mediadores, em busca de espaço. E elas seguem a pauta de agenda governamental. A quarta moção, a respeito de "recomendação sobre a política econômica", se fez às vésperas da divulgação de um plano de ajustes divulgado pelo Ministério da Fazenda em dezembro de 2024. Lembrando que, sendo o conselho parte do Poder Executivo, a pressão e o controle social sobre o governo são uma tarefa de difícil execução, pois ele tem papel consultivo, não deliberativo. Lembrando também que, desde o primeiro momento, foi colocado que "disputar a sociedade foram balizas que nortearam o planejamento da política de participação" e tendo em vista a divisão político-ideológica em que se encontrava a sociedade brasileira no pleito de 2022. No transcorrer de 2023-2024, o conselho foi acionado para fazer pressão e ajudar o governo a aprovar pautas no Legislativo, especialmente no Congresso, onde predomina maioria de parlamentares de oposição ao governo atual.

A lista de representantes da sociedade civil que compõe o Conselho de Participação Social tem 68 nomes, em sua maioria movimentos tradicionais clássicos, como o dos sindicatos de trabalhadores, movimentos por moradia, associações de moradores, por terra, de estudantes, questões de alimentação, de ONGs etc., além de alguns identitários, os chamados "novos movimentos sociais", como das mulheres, dos afrodescendentes, dos indígenas, a Associação Brasileira de Lésbicas, *Gays*, Bissexuais, Travestis, Transexuais e Intersexos, entre outras. Em relação às questões ambientais, há representação do Observatório do Clima, mas devido à importância do tema na atualidade, deveria haver mais entidades e especialistas no tema. Embora o secretário nacional de juventude da Secretaria Geral da Presidência da República faça parte do Plenário (uma das três estruturas do conselho), apenas três representantes dos jovens/juventudes constam na lista dos 68 representantes da sociedade civil, sendo dois já clássicos também: União Nacional dos Estudantes (UNE); União Brasileira dos Estudantes Secundaristas (Ubes). O Levante Popular da Juventude (LPJ) é mais recente e marcado por ligações partidárias. Os coletivos existentes no Brasil atual (que são centenas, e basicamente de jovens) não constam na lista.

Temas atuais de grande relevância social também estão representados, tais como: Plataforma pela Reforma do Sistema Político, Fórum Brasileiro de Segurança Pública, Rede Brasileira de Inclusão das Pessoas com Deficiência, Rede Brasileira de Justiça e Paz, Movimento Nacional de Direitos Humanos, Rede Nacional de Colegiados Territoriais, Coalizão em Defesa da Democracia, entre outros, que, todavia, ainda não pautaram a agenda do conselho.

Áreas da sociedade brasileira apontadas nas pesquisas de opinião como as principais na vida cotidiana, como saúde, não constam na lista de representantes do conselho. Consta representação do Sistema Nacional Assistencial Social (Suas), mas não do Sistema Único de Saúde (SUS). Lembrando que, em 2024, a população brasileira teve inúmeros problemas com planos de saúde coletivos via operadoras: sofreram cortes e interrupção de seus planos familiares de saúde sem causas justas, segundo regras que as operadoras e prestadoras de serviços criaram. A imprensa foi um canal mais efetivo de denúncias e pressão, dando visibilidade ao problema, em vez do conselho de participação em análise, no qual não há representantes (não estamos nos referindo a ações do Ministério da Saúde, que não está sendo analisado neste momento).

Em temáticas emergentes, como as redes sociais e novas comunicações, na composição do Conselho de Participação Social temos o Fórum Nacional pela Democratização da Comunicação e a rede de comunicação Mídia Ninja, que teve papel importante em junho de 2013, mas depois foi muito criticada por vários de seus integrantes, que abandonaram a rede. Outro tema gerador de inovações, a área da cultura, tem como representante o Comitê Nacional dos Pontos de Cultura, mas, em geral, os pontos são políticas do Partido dos Trabalhadores (PT) em vários municípios que administram. Teria de haver mais entidades na área da cultura, representando outras propostas.

Ou seja, o Conselho de Participação Social tem maioria de movimentos clássicos e tradicionais na sua composição e inovou pouco em termos, por exemplo, de inclusão de pautas que tratam de diversidade ou de coletivos de jovens. Além disso, agregou, em alguns casos, setores ligados a pautas do conservadorismo religioso, tais como a Frente de Evangélicos pelo Estado de Direito e Movimento dos Evangélicos.

As dificuldades para o exercício de uma política social a partir de pautas debatidas no Conselho de Participação, no Governo Lula III, não advêm apenas de dificuldades nas estratégias de enfrentamento ao Poder Legislativo para aprovar suas pautas. Há dificuldades também na composição dos representantes nas políticas participativas e na comunicação com a sociedade, como amplamente foi noticiado ao longo de 2023-2024, levando o presidente a trocar o ministro que cuida da área no início de 2025. A centralização das decisões no chefe do Poder Executivo e a velocidade de novos fatos e acontecimentos diários, nacionais e internacionais, que demandam respostas ou posicionamentos urgentes, certamente não contribuem em nada para se ter uma agenda de gestão participativa.

A "crise palaciana" do início de 2025, com a queda de popularidade do presidente e o aumento da avaliação negativa do governo – citada anteriormente na reportagem de Tavares (2025) – levaram o presidente a mudanças na composição de seus ministros. E uma das pastas focalizadas foi a Secretaria Geral da Presidência, até então coordenada pelo Ministro Márcio Macêdo, também presidente do Conselho de Participação Social. O conselho é tido como o órgão oficial responsável pela interlocução do governo com os movimentos sociais. Ou seja, após dois anos de pouca atuação e efetividade, o conselho passa a ser visto como uma possibilidade, um canal de enfrentamento dos problemas de não apoio e/ou avaliação da população ao governo.

A cena atual da sociedade e suas formas de participação, sociabilidades e cultura política é outra, completamente diferente dos pós-1988, assim como é diferente dos períodos de 2002 a 2016 nas diversas categorias de participação. Há uma plêiade de ações coletivas em movimentos ou coletivos socioculturais socioeconômicos, identitários etc. que não tem sido contempladas nas ações ministeriais.

Anexo 1 – Entidades, organizações e movimentos da sociedade civil participantes no Conselho de Participação Social da Presidência da República, 2023

Central dos Trabalhadores e Trabalhadoras do Brasil; Frente Nacional em Defesa do Suas; Movimento dos Pequenos Agricultores; Movimento Nacional de Luta em Defesa da População em Situação de Rua; Confederação Nacional dos Trabalhadores Rurais, Agricultores e Agricultoras Familiares; União Nacional dos Estudantes; Levante Popular da Juventude; Movimento Nacional dos Catadores de Materiais Recicláveis e Reutilizáveis; Rede Brasileira de Justiça e Paz; Associação Brasileira de Organizações não governamentais; Associação Brasileira de Lésbicas, *Gays,* Bissexuais, Travestis, Transexuais e Intersexos; Centro Nacional de Africanidade e Resistência Afro-Brasileiro; Movimento dos Trabalhadores Rurais Sem Terra; Articulação do Semiárido; Coalizão Direitos na Rede; Plataforma de Direitos Humanos Dhesca Brasil; Movimento Nacional de Luta por Moradia; Comitê Nacional da Lei Paulo Gustavo; Fórum Brasileiro de Economia Solidária; Coordenação Nacional de Articulação de Quilombos; Federação Única dos Petroleiros; Fórum Nacional dos Direitos da Criança e Adolescente; Movimento de Mulheres Camponesas; Convergência Negra; União Geral dos Trabalhadores; Fórum Nacional Popular de Educação; Fórum Nacional pela Democratização da Comunicação; Confederação Nacional das Associações de Moradores; Frente de Ações pela Libertação Animal; Coalizão de Periferias e Favela; Movimento dos Atingidos por Barragens; Rede Brasileira de Inclusão das Pessoas com Deficiência; Central Única dos Trabalhadores; Força Sindical; Conselho Nacional das Populações Extrativistas; Movimento pela Soberania Popular na Mineração; Articulação dos Povos Indígenas do Brasil; União de Negros pela Igualdade; Rede Nacional de Colegiados Territoriais; Observatório do Clima; Fórum Brasileiro de Soberania e Segurança Alimentar; Articulação das Mulheres Brasileiras; Confederação Nacional dos Trabalhadores e Trabalhadoras na Agricultura Familiar do Brasil; Movimento de Pescadores e Pescadoras Artesanais; Comitê Nacional dos Pontos de Cultura; Grupo Carta de Belém; Movimento Nacional de Direitos Humanos; Marcha Mundial das Mulheres; Intersindical Central da Classe Trabalhadora; Frente de Evangélicos pelo Estado de Direito; Mídia Ninja; Fórum Brasileiro de ONGs e Movimentos Sociais para o Meio Ambiente e o Desenvolvimento; Movimento de Luta das Vilas, Bairros e Favelas; Rede de Comunidades de Povos Tradicionais do Brasil; Central de Movimentos Populares; Fórum Brasileiro de Segurança Pública; Associação Nacional de Pós-Graduandos; Plataforma pela Reforma do Sistema Político; Movimento dos Trabalhadores Sem Teto; Movimento dos Evangélicos Progressistas; União Nacional por Moradia Popular; Movimento Negro Unificado; Movimento de Trabalhadores por Direitos;

Frente pela Vida; União Brasileira de Mulheres; Coalizão em Defesa da Democracia; União Brasileira dos Estudantes Secundaristas; Coalização Negra por Direitos.

Anexo 1 – Organizado pela autora a partir de dados online (Brasil, [202-]).

Capítulo 2

Contextualizando a cena: a crise da democracia liberal na atualidade e os coletivos

Primeira parte: democracia, trabalho, religiosidade e segurança pública

As eleições brasileiras de 2022 recolocaram no plano federal a orientação progressista, participativa; a partir de 2023, várias políticas participativas, denominadas como formas de "participação social", foram resgatadas e novas estruturas foram criadas. Mas a conjuntura socioeconômica, político-ideológica e cultural mudou, por isso é preciso se atentar aos novos fatos, em vez de olhar os cenários com as mesmas lentes e análises do passado. Este capítulo objetiva focalizar contextos e sujeitos de ações coletivas que indicam mudanças, novidades e alterações nas formas de engajamento dos sujeitos em cena. A primeira parte apresenta um panorama geral do cenário político e social partindo da crise na democracia, em busca de indicadores que possam explicar seus efeitos e impactos no processo democrático. A segunda aborda os coletivos.

A democracia brasileira tem sobrevivido em tempos de crises, tensionada não só dentro do país como em outras partes no mundo (Levitsky, 2023; Levitsky; Ziblatt, 2018), em um cenário marcado por transformações da globalização no primeiro quartil do século XXI, com crescente conectividade via tecnologias digitais, crise ambiental, desafios ecológicos, aumento da desigualdade socioeconômica e o retorno de regimes autoritários com gestores populistas e conservadores em vários países. A radicalização da extrema-direita, com conexões transnacionais, compartilha agendas de ataques às instituições e políticas democráticas sobre diversidade e inclusão, assim como temas da pauta de costumes que envolvem valores (como aborto e casamento LGBTQIA+), com discursos violentos, cancelamentos e espalhamento de narrativas falsas. Isso tudo está na raiz das polarizações e altera a cultura política da sociedade em relação a valores e formas de comunicação e engajamento em ações coletivas, o que se reflete nas avaliações sobre o regime democrático nos últimos anos.

A polarização política no cenário brasileiro, especialmente a partir de 2016, gerou um clima de desconfiança nas instituições e nas regras do jogo democrático. Em 2020 tivemos ações coletivas compostas por movimentos sociais, ONGs, parlamentares e cidadãos do campo progressista (ou campo democrático) em defesa da democracia no final da gestão do ex-Presidente Jair Bolsonaro. Não obstante essas ações de resistência, observa-se que a esfera pública alicerçada na democracia como um valor, como o regime político mais desejável, tem se desgastado nos últimos anos no Brasil. A ausência ou o fraco desempenho de políticas públicas de saúde, saneamento, educação, mobilidade urbana, segurança e infraestrutura urbana, por exemplo, pode ter comprometido, em vários segmentos da população, a ideia de que a democracia é um ideal, mas não resolve a vida cotidiana. Por isso apoiam políticos e políticas conservadoras, que constroem falsas narrativas sobre a esperança no futuro. Com isso, o apoio à democracia no Brasil como forma de governo vem caindo nos últimos dois anos, segundo pesquisas do Datafolha de 2024. Em outubro de 2022, 79% a apoiavam. Esse índice baixou para 69% em dezembro de 2024 (*Folha de S. Paulo*, 19 dez. 2023, p. A6). A indagação é: O que tem ocorrido para explicar essas alterações na opinião pública? Leonardo Avritzer, coordenador do Instituto da Democracia em Belo Horizonte, também realizou pesquisa em 2024 sobre a avaliação dos brasileiros em relação à democracia; 46% dos entrevistados se declararam insatisfeitos com o modelo político, apontando ainda altos índices de descrédito nas instituições brasileiras. Segundo Avritzer, "o que está colocado para o Estado brasileiro é que ele tem de aumentar em geral a qualidade do sistema político e da governabilidade" (Avritzer, 2025 *apud* Lima, A., 2025, p. A11).

Oscar Vilhena Vieira (2025), ao analisar a eleição e a posse de Donald Trump nos Estados Unidos, em janeiro de 2025, afirmou que

> o ressentimento ou a frustração com os rumos tomados pelas democracias liberais, especialmente com o modo como as elites manipulam o sistema a seu favor, têm favorecido o surgimento de líderes populistas que prometem acabar com tudo isso. Nesse sentido populista se apresentam não apenas como os autênticos intérpretes da vontade do povo, mas como os únicos dispostos a desatar as amarras que contêm o poder dos cidadãos.

Vieira assinala ainda que o próprio conceito de democracia está sob forte disputa.

> Enquanto para o campo liberal a democracia é uma forma de governo em que o exercício do poder pela maioria só será legítimo quando balizado pela Constituição e com os direitos humanos, inclusive direitos de minorias, para populistas muitos desses direitos e balizas constitucionais são descritos como obstáculos espúrios à plena realização da vontade do povo, devendo, portanto, ser abandonados (Vieira, 2025, p. A38).

Em um contexto no qual as desigualdades são muito antigas (Luchmann; Borba, 2008) e se ampliam, a pressão por justiça social aumenta[4], então os campos de luta para mitigação dessas desigualdades se proliferam, bem como a necessidade de novas experiências e arranjos para a vida coletiva.

---

4. O relatório *Desigualdades S.A.* publicado pela Oxfam em janeiro de 2024 aponta que em 2020 a fortuna dos cinco maiores bilionários do mundo dobrou, ao mesmo tempo que aproximadamente cinco bilhões de pessoas no mundo tiveram seus rendimentos reduzidos, se mantivermos esta dinâmica de distribuição de riquezas a pobreza só será erradicada daqui a 230 anos (Oxfam, 2024).

Breve cenário da conjuntura brasileira na atualidade: trabalho, religiosidade e segurança pública

Vários analistas brasileiros têm assinalado que, para compreender a atual crise democrática, de polarização e ataques à democracia, deve-se observar na conjuntura nacional três áreas: trabalho, religiosidade e segurança pública. É o que faremos brevemente a seguir, apoiando-se em análises de pesquisadores que trabalham sobre estes temas e problemas sociais.

Mudanças no mundo do trabalho: nas últimas duas décadas o empreendedorismo e outras formas de flexibilização das relações de trabalho se proliferaram. As novas formas de relações laborais e a corrosão do mundo do trabalho têm produzido novas subjetividades nas pessoas que não têm horizonte de uma cidadania salarial alicerçada em direitos sociais.

Segundo Ricardo Antunes:

> Foi a partir da crise estrutural que aflorou no início de 1970 – e intensificada a partir de 2008 – que os capitais desencadearam um vasto processo de reestruturação produtiva que resultou em formas de acumulação flexível, caracterizada pela deslocalização produtiva, pela expansão das redes de subcontratação, pelo trabalho em equipe, salários flexíveis, "células de produção", "times de trabalho", "envolvimento participativo", "trabalho polivalente, "multifuncional", com o objetivo primeiro de reduzir os custos e aumentar a produtividade. A pragmática das "metas"

> e das "competências", diuturnamente efetivadas pelo admirável mundo dos "colaboradores", tudo isso se converteu no novo ideário do mundo produtivo, no que já apresentei como sendo o novo elixir da vida empresarial. Ao expandir-se para os mais diversos ramos industriais, agrícolas e de serviços, a terceirização, que no passado recente era a exceção, vem se convertendo em regra. O resultado está em toda parte: precarização ampliada e multiforme, onde os trabalhadores e trabalhadoras são as vítimas principais (Antunes, 2022, p. 3).

Diante da precariedade do trabalho, da reestruturação produtiva e do enfraquecimento dos sindicatos de trabalhadores, o público em torno do "novo sindicalismo" se dissolveu (Galvão *et al.*, 2019).

> Essa mudança abriu caminho para uma abordagem mais individualista para enfrentar os desafios econômicos vividos pelos moradores urbanos nas periferias. Assim, emergiu um público receptivo às mensagens que defendiam o empreendedorismo neoliberal enraizado na precariedade urbana[5] (Fontes, 2023).
>
> A subjetividade neoliberal encontrou, portanto, bases sociais onde poderia se enraizar ao se articular com práticas há muito existentes entre os trabalhadores pobres urbanos que sempre pre-

---

5. Tenho argumentado que a questão do empreendedorismo deve ser analisada em sua complexidade para além da mera dissuasão da "razão neoliberal" (Fontes, 2023). No entanto, Fontes apontou que há uma fatia da população que adere a esse público, em grande medida por suas práticas anteriores e por causa da precariedade presente em suas vidas por décadas.

> cisaram "se virar" para sobreviver. Assim, ainda que essa população mais pobre siga defendendo a ação do Estado em áreas sociais como saúde e educação, há um espaço para crescimento de discursos que valorizam condutas morais como a autogestão e a responsabilização individual sobre o sucesso econômico, revelando o caráter híbrido do neoliberalismo nesses territórios (Andrade; Côrtes, 2022 *apud* Fontes, 2024b, p. 14).

O empreendedorismo é um desdobramento econômico e ideológico da ascensão do neoliberalismo em grande parte do mundo nas últimas décadas, exemplificado, de um lado, por meio da transformação e da diminuição do papel do Estado na economia e na vida social (privatizações de empresas públicas, desregulamentações diversas visando a atração de capitais, abertura comercial, transferência de atividades típicas de governos para o chamado terceiro setor) e, de outro lado, pelas próprias transformações da base produtiva do mundo do trabalho por meio do desenvolvimento e da introdução de novas tecnologias. Emerge uma espécie de nova ordem das coisas, na qual um tipo de novo sujeito é fabricado, pautado por uma racionalidade capitalista de tipo neoliberal que destrói os alicerces da ordem anterior (Dardot; Laval, 2016 *apud* Fontes, 2024). Brown assinala que

> a privatização econômica neoliberal é profundamente subversiva para a democracia, pois gera desigualdade, exclusão, privatização de bens comuns, o fortalecimento da plutocracia e um ima-

> ginário democrático profundamente obscurecido (Brown, 2015 *apud* Fontes, 2024, p. 5).

Nesse sentido, o empreendedorismo emerge como estratégia econômica e justificativa ideológica para que indivíduos possam se adaptar aos novos cenários oriundos daquelas transformações, muitas vezes solapando o sentido de coletivo e da democracia como mecanismo de canalização e resolução de problemas (Campos; Soeiro, 2016 *apud* Fontes, 2024, p. 8).

Religiosidades e guerras culturais: sabe-se que, nas últimas décadas, houve um grande crescimento de adeptos de seitas e religiões no Brasil, especialmente cristãos evangélicos, entre grupos das camadas populares em regiões periféricas ou áreas centrais deterioradas nas grandes metrópoles. Em 1990, em São Paulo, segundo o Censo Demográfico realizado pelo Instituto Brasileiro de Geografia e Estatística (IBGE), os católicos representavam cerca de 80% dos moradores da região metropolitana. Em 2000, eram cerca de 67%; em 2010, menos de 57%. Ao mesmo tempo, os cristãos evangélicos passaram de cerca de 8% em 1990 para 16% em 2000, chegando a aproximadamente 22% em 2010.

O Observatório da Religião e Interseccionalidades do Centro Brasileiro de Análise e Planejamento (Cebrap), com base no Censo de 2022 do IBGE, fez um mapeamento dos centros religiosos nas grandes cidades do país. E o resultado é: há proporcionalmente mais estabelecimentos religiosos em comunidades e favelas do que fora delas.

Em São Paulo a pesquisa registrou que as favelas concentram cerca de 16% dos 15,7 mil locais dedicados a cultuar uma religião. O mesmo Censo de 2022 registrou que a população da cidade tem 11.451.999 milhões de habitantes, sendo que 15% vivem em favelas (Balloussier, 2024, p. A26).

Max Weber (2020) há mais de cem anos já havia apontado o fator religião como um item fundamental para o crescimento e o desenvolvimento do capitalismo, em *A ética protestante e o espírito do capitalismo*, publicado entre 1904 e 1905. Na atualidade, observa-se a mesma questão em relação aos evangélicos. Eles têm valores conservadores, conforme citados abaixo. Mas há algo fundamental para explicar o comportamento de rebeldia e certa insubordinação em relação ao não reconhecimento de benefícios de programas sociais governamentais: diz respeito à teologia da prosperidade que professam. Ser bem-sucedido no campo do trabalho e econômico em geral, ser saudável, ter uma família constituída e ser feliz são considerados "bênçãos de Deus", ainda na vida na Terra. Decorre disso que a prosperidade vem de Deus, recompensa pelos seus esforços, não como algo que é provido pelo governo.

O crescimento dos evangélicos pode ser associado também à crença e à fé no empreendedorismo, tratados no capítulo 1. Seja por necessidade econômica, seja pelo sonho de ter e gerir o próprio negócio ou pela esperança de enriquecer, a fé une a religião e o comportamento sociopolítico, reforçando o conservadorismo.

Nas religiões evangélicas, o incentivo à solidariedade, à reciprocidade e às redes de confiança tende a priorizar os "irmãos de fé", ou seja, aqueles que compartilham a mesma religião. Como resultado, os evangélicos tendem a participar menos de outras formas de associação, como partidos políticos, sindicatos, associações de bairro e espaços recreativos comuns, uma vez que as igrejas competem pelo tempo livre de seus fiéis, criando espaços de socialização dentro da própria igreja (Almeida, 2004, 2019). Ou seja, os evangélicos, pentecostais, protestantes etc. passaram a ter nas duas primeiras décadas deste século o papel desempenhado por uma pequena parcela da Igreja Católica ligados, nas décadas de 1970 a 1980, à Teologia da Libertação e às Comunidades Eclesiais de Base (CEBs) da Igreja, quando discutiam a realidade em que viviam à luz dos ensinamentos bíblicos e construíam processos de conscientização e uma cultura política coletiva de luta por direitos e cidadania em pleno regime político militar. Só que, na atualidade, o sentido é inverso: os templos religiosos não são para conscientizar e lutar por direitos, mas lutar pelas narrativas, ideologias e versões sobre os que são contra/a favor de suas pautas; a religião misturou-se com a política na era das polarizações. Estes grupos são denominados muitas vezes genericamente como *crentes* ou *fundamentalistas*. Mas eles não constituem um bloco homogêneo; é um grupo tão plural, com muitas subdivisões.

E divisões internas também, como pastores batistas progressistas (que têm representação até no Congresso, com deputados pelo PSOL) e outros conservadores, como o pastor da igreja da ex-primeira-dama Michelle Bolsonaro.

A grande maioria das vertentes religiosas conservadoras combatem temas vistos como ameaças aos valores tradicionais, a tal pauta moral de costumes, ligada à família (como descriminalização do aborto, justiça reprodutiva, relações e casamento LGBTQIA+, adoção de crianças por casais homoafetivos, entre outras). São pautas que geram embates e posições antagônicas.

> De um lado, as organizações feministas, defensores/as dos direitos humanos, agentes de saúde pública, setores progressistas religiosos, entre outros, do outro lado, encontramos setores conservadores da sociedade que incluem igrejas, instituições e lideranças espíritas, organizações "pró-vida" e "pró-família", atores do judiciário e do campo médico (Arribas; Gesteira, 2025, p. 114).

Neste cenário, a religião ganha holofotes como estratégia de diversos grupos de centro-direita e de extrema-direita, no âmbito do que a literatura tem denominado como guerras culturais, mesclada com o patriotismo na forma de um projeto conservador de nação e país. Se observarmos, o crescimento das seitas, igrejas e religiões de cunho conservador vem forte desde a década de 1980, quando a Teologia da Libertação (uma ala da Igreja Católica) passou a ser combatida e refluiu. O avanço no século XXI aparece em reações contra a agenda de costumes, especialmente em manifestações culturais e de protesto, como na Parada do Orgulho LGBTQIA+, com ápice por volta de 2013. No Congresso, formou-se a Frente Parlamentar Evangélica (FPE) que busca a retirada de direitos da população LGBTQIA+. Isso explica (e muito) o avanço do conservadorismo político-ideológico radical no país. Portanto, o conservadorismo da direita radical não emergiu em junho de 2013, nem como reação ao PT no governo. Na verdade, estava na sociedade há muito tempo, cresceu e saiu às ruas na década de 2010; a bancada BBB (bala, boi e Bíblia) na Câmara Federal, os evangélicos e a Marcha para Jesus são os grandes indicadores deste avanço, assim como o crescimento de grupos conservadores na sociedade.

Outro ponto de destaque no item religião é a forte presença de mulheres – especialmente de mulheres negras – como o grande público que frequenta os templos, em seus cultos e outras formas de encontros e sociabilidade. Pesquisas de 2022 já destacavam que

> a ideia de família, que traduz preocupações com a autonomia financeira e a gestão da vida cotidiana de mulheres das classes populares e evangélicas, deve ser entendida como uma categoria que estrutura a vida de boa parte da população brasileira, ultrapassando a imagem moralista explorada pelo bolsonarismo [...]. Sobretudo entre mulheres das classes populares, há uma valorização de políticas públicas de cuidado

> para elas e seus familiares. Elas também desejam autonomia financeira e direitos iguais e focam questões cotidianas, traduzidas a partir da ideia de família, especialmente entre as evangélicas. Mulheres são responsáveis pelo cuidado e pela subsistência das famílias e, portanto, dão prioridade à oferta de ações públicas que remetam ao cuidado e que façam diferença na gestão da vida cotidiana, algo que tem sido instrumentalizado por movimentos políticos de direita apenas sob o *slogan* "família" (Evangelista; Teixeira; Reis, 2022).

Naomi Klein, em entrevista à *Folha de S. Paulo*, analisando o retorno da direita nos Estados Unidos com a eleição de Donald Trump e revendo posições da esquerda, disse:

> No Brasil não dá para entender a ascensão da ultradireita sem narrativas religiosas, e elas estão profundamente codificadas no nosso imaginário coletivo. Somos incrivelmente obtusos, no mundo secular, em entender o poder dessas narrativas. Nós achamos que vamos conseguir martelar fatos na cabeça das pessoas, mas você está indo contra uma cosmologia transcendente, oposta ao mundo material: Com qual história você se contrapõe a isso? É por isso que o papa me interessa tanto (Klein, 2025, p. A35).

A desaprovação de Lula registrada em pesquisa Datafolha, publicada em 10 e 11 de fevereiro de 2025, apresenta a insatisfação do bloco religioso dos evangélicos com a administração petista.

> Para 48%, Lula tem feito um trabalho ruim ou péssimo. Entre católicos, o outro grande bloco religioso brasileiro, a rejeição alcança 36%. A média geral de insatisfeitos na população é de 41%, a parcela feminina saltou de 26% no início de 2023 para 39% em 2025. Pois são justamente esses os perfis, mulheres negras, pobres e periféricas, mais comuns nas igrejas dos "crentes" (Balloussier, 2025, p. 1).

O artigo de Balloussier, citando Ana Carolina Evangelista, cientista política e diretora-executiva do Instituto de Estudos da Religião (Iser), conclui que a agenda moral não é o único "eletrodo" para medir o desânimo com o governo. O impacto da economia na vida do evangélico médio explica muito. Recoloca-se aqui a pesquisa já citada de 2022: Mulheres são responsáveis pelo cuidado e pela subsistência das famílias e, portanto, dão prioridade à oferta de ações públicas que remetam ao cuidado e que façam diferença na gestão da vida cotidiana.

Segurança pública: na sociedade brasileira atual a violência e o crime organizado são fenômenos que podem ser entendidos como expressões da corrosão do tecido social e da crença nas instituições públicas, que também fomentam lealdades à margem do civismo republicano, seja entre os poderes armados do Estado, seja entre organizações criminosas (Feltran, 2021).

Segundo Fontes (2024):

> O discurso em torno da democracia e do respeito aos direitos humanos para lidar com a violência urbana perdeu grande parte de seu público, enquanto um discurso que clamava pela imposição de "lei e ordem" através da força ganhou espaço. [...] Esse discurso, baseado no autoritarismo militarista, ganhou força entre o público periférico como a única forma possível de combater o crescente poder do crime organizado e garantir a vida e, especialmente, a propriedade daqueles que vivem nas periferias urbanas. Ao mesmo tempo, ele serve aos propósitos de acumulação de recursos políticos e econômicos por membros das forças de segurança.

Deve-se

> buscar compreender em que medida a instabilidade social causada pela criminalidade pode ser entendida como uma ameaça à ordem ou mesmo como fenômeno social ao qual governos democráticos não teriam condições de lidar, fomentando o apoio popular ao autoritarismo. Ou, ainda, como novas formas de sociabilidade e inclusão econômica disponibilizadas aos setores mais desassistidos e marginalizados, à margem da institucionalidade estatal podem ser alicerces de esperança (p. 17).

O clima de medo e insegurança na sociedade existe não apenas em relação ao outro, ao marginal ou contraventor. O medo também se refere à polícia. Pesquisa Datafolha de dezembro de 2024 registrou que 51% da população brasileira têm mais medo da polícia do que confiança nela. 46% ainda confiam na polícia. E estes índices vêm desde 2019, na gestão de Bolsonaro. Neste cenário, ocorre também a violência policial, com o conhecimento de 63% da população, segundo a mesma pesquisa Datafolha. Renato Sérgio de Oliveira, diretor-presidente do Fórum Brasileiro de Segurança Pública, disse que

> a população não se sente segura em relação à forma de trabalho da polícia, mas não é de hoje. [...] mas a falta de segurança em geral no país contribui para que parte da população se sinta compelida a apoiar discursos que acabam por apoiar a violência policial (*apud* Menon, 2024, p. A23).

Segunda parte: inovações na participação e os coletivos dos jovens

Desde 2013 temos registrado a presença dos coletivos nas ações associativas dos jovens. Produzimos e publicamos vários artigos, com destaque para Gohn (2025). Neste capítulo farei uma síntese da produção anterior, objetivando caracterizar um dos sujeitos das ações coletivas que têm sido invisibilizados tanto entre acadêmicos como nas políticas públicas.

Partimos da hipótese de que os coletivos representam, na atual conjuntura brasileira, uma reconfiguração do ativismo no cenário do associativismo civil, com formas novas de engajamento e construção de ações coletivas. São diferentes dos movimentos sociais e de outras formas de ação coletivas. Além disso, são compostos predominantemente por jovens, demarcando uma mudança geracional forte em relação aos participantes dos processos participativos institucionalizados. Esse universo constrói um novo ciclo geracional de protestos, insurgências e/ou atos colaborativos/solidários, assim como uma nova cultura política no campo da participação social, marcado por transformações nas formas organizacionais, pautas, repertórios de confronto, *performances* nos atos de agirem e de se relacionarem com a sociedade, o Estado e a política de maneira geral. Mas eles são heterogêneos; não há homogeneidade em suas características, podem ter transversalidades e combinarem, por exemplo, horizontalidade com a verticalização em algumas ocasiões. Eles podem mudar o alvo de suas ações e demandas, além de utilizarem intensamente as formas de comunicação e participação social via online (Gohn, 2017b). Têm "causas" como foco que lhes dão identidade e seus opositores são circunstanciais: estão mais na esfera privada, mas também podem atuar na esfera pública governamental, na gestão de bens públicos ou no plano da legislação. Enfim, lutam para mudar ou incluir coisas novas com a adoção de métodos, formas e práticas organizacionais pautados nos valores e ideais de coletividade, colaborativismo e mecanismos internos de organização interna diferenciados.

Os participantes de um coletivo se autodenominam ativistas e vivem experiências e experimentações que podem ser tópicas ou mais permanentes, fragmentadas ou mais articuladas. São ativistas de causas. O principal elemento articulador dos membros de um coletivo é uma causa, a defesa ou o combate a uma causa. Viver experiências é uma das grandes fontes de motivação para participar de um coletivo, e isso pode dar subsídios para mudanças na visão social, política e cultural. A consciência de algo vai depender do tipo de ação coletiva e do grupo que a compõe. Não é um processo automático. Um coletivo poderá desenvolver práticas contestatórias ou não, dependendo do seu perfil e das estruturas relacionais existentes entre os jovens. Os jovens contestam e renovam práticas e valores estabelecidos por meio de sua cultura política.

Conforme foi dito, ao caracterizarmos a participação popular nas décadas de 1970 e 1980, os relatos do passado eram importantes para o entendimento do presente, que se transformavam em planos de ação visando o futuro, ressignificando as experiências, portanto. Nos coletivos atuais, a experiência no presente é mais importante: vivenciar algo novo, ter acesso a práticas negadas ou inacessíveis economicamente e, especialmente, vivenciar corporalmente a experiência dos corpos dos sujeitos da ação. Por isso é que a área da cultura, com suas inúmeras linguagens e formas de expressão – como a dança, a música, as artes visuais, o teatro – canaliza os desejos dos proponentes via projetos sociais para faixas etárias, com destaque para jovens, crianças e adolescentes, trabalhos com mulheres, idosos etc. As linguagens da arte amplificam a vivência dos corpos, pois podem ser corpos negros, de mulheres, *gays*, lésbicas, transexuais etc. O corpo nos coletivos dos quais participam – por exemplo, a Parada do Orgulho LGBTQIA+, organizada anualmente em São Paulo, ou os blocos de Carnaval – são uma demonstração de alegria, festa e prazer, mas, sobretudo, são forma de resistência. O corpo seminu, todo pintado, fantasiado, expressando-se livremente nas ruas, no espaço público.

Os membros participantes de um movimento social são nominados, usualmente, *militantes*; é algo mais que um ativista porque não foi convocado online, *ad hoc*. Ele tem laços de pertencimento com um grupo. Portanto, ser ativista ou militante são ações com sentidos e históricos estruturantes diferentes. Todos têm uma causa para defender, mas a forma e as concepções que fundamentam as ações coletivas são diferentes. Os modos de engajamento também são distintos (Fillieule, 2001). Vínculos afetivos e emocionais têm tanta ou mais relevância para o engajamento na ação coletiva quanto aspectos cognitivos ou ideológicos, como já indicaram Goodwin, Jasper e Polletta (2001) há mais de duas décadas.

Resulta deste cenário uma mudança significativa nas ações coletivas quando articuladas por um movimento social – com coordenadores, demandas, pautas, estratégias e táticas, onde se observa, muitas vezes, um verticalismo; são parte de um sujeito coletivo. E as práticas dos coletivos acima descritas, com ações que visam o "despertar" dos sujeitos no próprio processo do fazer, sem um projeto claro, bem-definido, de sociedade, Estado ou governo, sem metas para atingir, não são um "sujeito" coletivo. Mas há muitos elementos comuns nos grupos que articulam as duas frentes de ações coletivas, como a indignação contra as injustiças sociais e diferentes tipos de desigualdades, a busca pelo respeito e pelos direitos, a exemplo de coletivos de mulheres pretas que buscam, por meio da categoria da interseccionalidade, articular diferentes marcadores, como classe, etnia, raça, gênero, geração, crenças religiosas etc.

É preciso diferenciar também coletivo de coletividade. O primeiro é uma autodenominação que indica uma forma de organização social, um tipo de ação coletiva em conjunto, o engajamento e pertencimento a uma causa de um dado grupo. Tem uma identidade específica. A coletividade pode ser um ajuntamento de pessoas nas ruas ou outros espaços, sejam públicos ou privados – e isso poderá levar ao desenvolvimento de relações de sociabilidade, solidariedade etc. Porém não há uma identidade específica ao redor de uma causa, com pessoas trabalhando e atuando juntas. A grande questão é como ir além da ideia de coletividade (agir em conjunto, festejar em conjunto) para um coletivo-forma de organização, onde entram as características de uma ação coletiva (já clássica, definida por Weber e muitos outros) na questão do engajamento, da colaboração/cooperação/solidariedade e do conflito/tensão/até as guerras culturais.

Coletivos: antecedentes

No Brasil, até a eclosão das manifestações massivas de 2013, os coletivos eram apresentados na literatura acadêmica usualmente pelo seu lado cultural, analisados sob aspectos da criatividade artística. Raymond Williams, décadas atrás, já havia chamado atenção para este fenômeno quando escreveu sobre as "formas de organização e de auto-organização que parecem muito mais próximas da produção cultural" (Williams, 2000, p. 57).

A pesquisa de M. S. Marques e Marx (2020) sobre coletivos culturais também registra estudos nos quais se encontram experiências de "agrupamentos/coletivo" desde a década de 1930. Desde a década de 1980 há registros de coletivos autonomizados na cena pública, particularmente na área da cultura, que se tornaram os mais expressivos até a atualidade.

Portanto, os coletivos não são manifestações recentes nem nasceram neste século, embora na contemporaneidade tenham ganhado maior visibilidade na cena pública em diversas áreas. Parte da explicação deve ser creditada a fatores sociopolíticos e culturais das últimas três décadas, que formataram novas culturas políticas relacionadas às ações coletivas em espaços públicos. Entre esses fatores, destacam-se os incentivos que foram dados durante o período de redemocratização no Brasil, da década de 1990 até 2015, com políticas de inclusão social[6] e, ao mesmo tempo, estímulo à participação em políticas de agrupamentos identitários ou de incentivo ao empreendedorismo social em comunidades vulneráveis por diferentes agentes sociais. Perez afirma:

> A entrada de negros e mulheres na universidade pública mudou suas configurações. O ativismo por meio de coletivos pretos e feministas se multiplicaram na defesa de políticas afirmativas, contra o racismo e exigindo também a leitura de autoras negras feministas centrais para a compreensão da realidade brasileira. Essas estudantes passaram também a ocupar os espaços da pós-graduação tornando-se professoras depois. Houve mudanças no sentido de colocar a questão racial como central para a compreensão e superação das desigualdades brasileiras (Perez, 2025, p. 143).

Na realidade, a análise deve se voltar para a Constituição de 1988, que, ao estabelecer o pluralismo como princípio constitucional, originou novas agendas políti-

---

6. Entre outros pode-se citar, o Estatuto da Igualdade Racial (Lei n. 12.288/2010), a Lei de Cotas (Lei n. 12.711/2012); o Programa Universidade para Todos (ProUni), a criação da Secretaria Especial de Políticas de Promoção da Igualdade Racial (SEPPIR); o Plano Nacional de Implementação das Diretrizes Curriculares Nacionais para a Educação das Relações Étnico-Raciais (baseado na Lei n. 10.639/2003); as Políticas de Saúde para a População Negra, incluindo o Plano Nacional de Saúde Integral da População Negra e a Promoção do Dia Nacional da Consciência Negra.

cas. Essas agendas, focadas em questões de diversidade e inclusão, criaram espaços para lutas pelo reconhecimento de novos sujeitos de direito e pela defesa de novas pautas. Nesse sentido, os atuais coletivos podem ser fruto da conjuntura política existente, ainda que alguns tenham se voltado contra a forma de funcionamento dessas instituições, ao clamarem: "Eles não nos representam", como se viu nas manifestações de 2013.

Outra parte considerável do crescimento e da expansão dos coletivos na atualidade deve ser creditada ao avanço das novas tecnologias da informação e comunicação, que têm revolucionado as formas de agir, de se comportar e de se relacionar da grande maioria das pessoas. Portanto, não são apenas fatores nacionais e localizados que explicam a proliferação dos coletivos. Essas ações ocorrem predominantemente via redes sociais da internet, que impulsionam novas formas de ação coletiva (Bennett; Segerberg, 2015). Entre os jovens, essa é a forma predominante de comunicação e interação societária, dando espaço para novas formas de sociabilidade, marcadas por emoções e subjetividades.

Manuel Castells, pesquisador de longa data dos movimentos sociais e das redes de comunicação digitais, analisa o ciberativismo como ferramenta geradora de poder político. A. Silva e Penteado (2023), analisando a literatura sobre os tipos de abordagem[7] que usam o termo

---

7. "[...] três tipos de abordagens diferentes predominantes, em que

tecnopolítica, localizam Castells (1999, 2013, 2015) na visão ciberativista e assinalam:

> Manuel Castells inspira grande parte da literatura em língua espanhola acerca de tecnopolítica e pelo próprio histórico de hacktivismo e ciberativismo na Espanha, essa vertente entende a tecnologia como um espaço de mediação que é possível ser apropriado com o intuito de criar um poder político alternativo e verdadeiramente democrático, onde se destaca o ativismo digital ou ciberativismo de movimentos sociais (Silva, A.; Penteado, 2023).

Neste livro, nossas análises sobre os jovens e os coletivos seguem essa direção, mas conscientes de que o ciberativismo não tem um só lado: há os conservadores também (ou ciberpopulismo), como forma de fazer política e tensionar a democracia no mundo digital (Bruzzone, 2021).

---

a maioria da bibliografia encontrada se encaixava em um, sendo elas: a marxiana, a pós-estruturalista e a ciberativista. A abordagem marxiana enfatiza uma visão das lentes teóricas da economia política envolvida nos estudos da tecnopolítica, conduzindo uma crítica ao modelo de negócios das plataformas digitais que agem em prol da maximização do capital. O olhar pós-estruturalista, muito alocado nas contribuições de Deleuze e de Foucault, foca no controle sobre o indivíduo e sua subjetividade que perpassa o uso das tecnologias digitais. Por último, a visão ciberativista tem um discurso moderado e otimista em relação à tecnopolítica, ressaltando a capacidade de apropriação política das tecnologias e a possibilidade de alcançar avanços democráticos. Enquanto as duas primeiras têm uma visão mais crítica e até pessimista ressaltando as consequências negativas da tecnopolítica, a terceira apresenta uma perspectiva otimista ao destacar o potencial libertário e contra-hegemônico do uso de tecnologias digitais na luta política pela emancipação política e social (Silva, A.; Penteado, 2023).

Deve-se atentar também que o uso das tecnologias digitais, em uma dimensão tecnopolítica, possibilita a emergência de dispositivos de vigilância e controle, além da apropriação de conteúdos produzidos pelos movimentos e coletivos por grandes empresas de tecnologias de informação, assim como a (re)produção de uma subjetividade individualista (representada pelas figuras dos influenciadores e empreendedores) que tensiona as práticas de solidariedade da ação coletiva. Nas redes de comunicação dos coletivos, predominam mídias sociais privadas para a comunicação, tanto interna como com o público externo, destacando-se WhatsApp, Instagram, Facebook, Twitter, YouTube, Telegram, além do Google Meet (Almeida; Silva; Gonzales, 2025).

Na produção acadêmica brasileira os coletivos têm sido registrados em teses e dissertações, a exemplo de W. M. Costa (2024), Teixeira (2025) e Trindade (2021), e também em trabalhos apresentados na Associação Nacional de Pós-Graduação em Ciências Sociais (Anpocs) e na Sociedade Brasileira de Sociologia (SBS). Publicamos um levantamento a respeito (Gohn, 2022), além do livro organizado por A. R. Paiva, Lima Neto e Sanches (2023).

Considera-se um coletivo como um agrupamento sociopolítico e cultural articulado por um conjunto de ideias e valores, com identidades fragmentárias, pautas e agendas diversificadas, formas de expressão e repertórios diferenciados, além de práticas organizacionais descentralizadas. Eles podem ter a horizontalidade como meta na construção de suas autonarrativas. Entretanto, por serem heterogêneos, suas características não são homogêneas, podendo ter transversalidades e combinar, por exemplo, horizontalidade com a verticalização em algumas ocasiões (Lima, S., 2018; Perez; Souza, 2017). Esses grupos podem mudar o alvo de suas ações e demandas, bem como utilizam intensamente as formas de comunicação e participação social online (Gohn, 2017b, 2019).

Os coletivos estão produzindo inovações e novas cartografias no espaço urbano (Duarte; Santos, 2012), e estas são pouco conhecidas. Atuam em diferentes territórios da cidade, em zonas centrais ou periféricas carentes, agindo em projetos sociais, como cozinhas comunitárias, distribuição de alimentos, geração de renda, projetos socioculturais para jovens; ou outros espaços e grupos sociais da cidade, como jovens nas universidades e em escolas do Ensino Médio ao redor de causas identitárias, agrupados por temas do feminismo, dos afrodescendentes, grupos da comunidade LGBTQIA+, entre outros. Registra-se, entretanto, que há inúmeros coletivos também no meio rural, inclusive no Movimento dos Trabalhadores Sem Terra (MST). Como exemplo, o Coletivo LGBTQIA+ Sem Terra, um grupo que busca interseccionar as lutas relacionadas à terra e as pautas LGBTQIA+, visando mitigar o racismo e a desigualdade social nos territórios do campo, dando visibilidade às mulheres lésbicas e negras em contextos rurais. O coletivo também tem provocado transformações no interior do próprio movimento, segundo pesquisas de L. M. Sousa e Santos (2025).

Os coletivos dos grupos LGBTQIA+ atuam na direção de uma cultura política social e cultural na qual a diversidade de gênero e sexual são categorias centrais, especialmente nas manifestações nas ruas, onde fazem uso do espaço público como espaço de liberdade e de orgulho de si, passando pela resistência e pela luta contra discriminações, perseguições e tantas fobias (Teixeira, 2025). Um grande desafio para esses grupos é realizar interface, intersecção e interação com outros grupos ativistas da cidade, não só da comunidade LGBTQIA+, mas de outras formas de ativismos urbanos, a exemplo de coletivos de mulheres negras que têm alterado a discussão sobre desigualdades socioeconômicas, atrelando-as às clivagens sociais, como classe social, raça, gênero e território.

Esta sugestão surge da reflexão sobre alternativas para que os grupos LGBTQIA+ não sejam só um *slogan* de aceitação no espaço público, em seus momentos específicos, mas em todos os momentos, que seus direitos sejam respeitados e a interseccionalidade com outros grupos exista de fato e crie mais uma ferramenta de mudança e transformação da sociedade. Juntos poderão auxiliar também outros movimentos e coletivos a formular agendas sociais e políticas que abarquem diferentes marcadores sociais, incluindo o da diversidade de gênero e sexual em outros grupos que atuam no campo movimentalista sobre raça, classe, gênero, gerações, crenças religiosas, defesas de territórios etc. Há necessidade de conquista de novas leis para garantir direitos da população LGBTQIA+; porque enquanto não houver leis, os adversários, conservadores, vão sempre olhar para as manifestações deste público como "um grupo divertido", não cidadãos plenos de direitos, que devem ser respeitados como todos(as). Caso isso não ocorra, deve haver penalidades previstas em lei.

No urbano há coletivos compostos por profissionais atuando em ruas e praças, na área do lazer e da cultura; ou na preservação da memória de lugares simbólicos, em disputa pela destinação do uso público. São organizações identitárias e de corte solidário, como podem ser atos contra insurgentes para contrastar as discriminações, o colapso nos sistemas alimentícios, hídricos e energéticos, a violência etc. Adotam princípios diferentes, alternativos, muitos são autogestionários, preocupando-se com o mundo de hoje, com o presente. Valorizam as experiências vivenciadas no coletivo combinando ação direta com objetivos efetivos e tangíveis em ações locais. De uma forma diferente, estão produzindo inovações nos espaços urbanos, centrais ou periféricos, para o fortalecimento da democracia (Gohn, 2025). Registre-se que o termo *coletivos* tem origem nativa e a maioria se autodenominaram como tal. Até o momento não é uma categoria com fundamentos em bases jurídicas, como as ONGs, e o lastro teórico está em construção.

Por tudo isso, trabalha-se com o seguinte suposto: é necessário ampliar o escopo analítico para entendermos ações coletivas a partir da década de 2010; o leque de formas associativas civis, tanto no campo progressista como no conservador, ampliou-se com a proliferação dos autodenominados coletivos. A maioria deles se baseia em valores, projetos societários e organizações diferentes dos movimentos sociais. Não são mais centrados em movimentos de transformações econômicas e políticas, como os movimentos de oposição política do século XX, originários de movimentos sindicalistas. Essas "novidades" indicam a busca dos sujeitos pela demarcação de uma posição diferencial com relação a outros modelos organizacionais, tais como sindicatos, partidos, ONGs e movimentos sociais. Usualmente não dependem da intermediação direta de organizações políticas clássicas, como partidos políticos, sindicatos ou movimentos sociais. Muitos demonstraram recusa em relação a essas ações sociopolíticas e buscam novos modelos organizacionais para a ação política em um contexto de crescente desenvolvimento das redes sociais e de novas formas de ação coletiva (Gerbaudo, 2021).

Alguns coletivos têm orientações libertárias (não confundir com libertarianismo, posição conservadora que busca exercer força no mundo atual, especialmente no sul global, nem com o anarquismo do século XIX e do início do século XX). Normalmente, as posições libertárias e autonomistas são demarcadas pelo anti-institucionalismo, que não significa "de costas para o Estado", pois poderão até recorrer a ele em casos de participação e apoio de políticas públicas. Desenvolvem práticas alicerçadas em valores e ideais de coletividade, colaboracionismo e na construção de mecanismos internos baseados na horizontalidade e na desconstrução da ideia de liderança, não significando que não tenham lideranças. Podem ter vários líderes que atuam por comissões, por atividades, de forma horizontal, não a verticalização do mando de um líder que, na maioria das vezes, se perpetua no poder. Esse modelo lhes confere uma estrutura mais fluida quando comparados a outros modelos organizacionais. Nunes (2023), com abordagem teórica mais liberal, também concluiu que as estruturas dessas novas organizações, como as denomina, não são "nem vertical, nem horizontal", título de seu livro.

O debate sobre os coletivos identitários e a crise de representatividade das formas tradicionais de participação sociopolítica leva à necessidade de se diferenciar *representação política* de *representatividade* porque são dois conceitos diferentes. A representatividade vista apenas como identidade de um dado grupo social, étnico, sexual etc., reduz o conceito e o isola no campo da sociedade civil. Na sociedade política, porém, ele é também importante na formulação das políticas identitárias, no universo das políticas públicas ou na indicação sobre quem são os representantes civis para cargos oficiais (com direito de voto, com direito à palavra ou apenas consultivos, para referendar decisões). Portanto, diferenciar identidade política e políticas identitárias de um grupo é uma das chaves para a análise da questão da representatividade dos coletivos e dos movimentos sociais.

Capítulo 3

Coletivos, movimentos e organizações periféricas urbanas: o caso de Paraisópolis (São Paulo)

Introdução

O principal objetivo deste capítulo é apresentar e refletir sobre formas de ação coletivas advindas da sociedade civil, tendo como base de dados territórios urbanos periféricos onde os coletivos atuam criando e transformando sociabilidades. Para pesquisar sobre o associativismo e formas de participação nos tempos atuais deve-se considerar o ambiente social, econômico e cultural onde ele se desenvolve. Além disso, observar os territórios propriamente ditos, especialmente no caso de regiões periféricas, com altos índices de vulnerabilidade social. Kowarick e Marques (2011) há 15 anos já alertavam para novos percursos e atores na sociedade, na política e na cultura.

Nos territórios periféricos é preciso se atentar para os espaços culturais, pois frequentemente eles transcendem suas funções artísticas para se tornarem pontos de convivência e sociabilidade, suprindo a ausência de equipamentos públicos, como praças e centros comunitários (Martins, J. R., 2025).

A necessidade de reativar formas de participação democráticas, em tempos de crise da democracia, polarização e avanço de correntes de extrema-direita, deve priorizar como estão organizados os territórios onde o "povo" está e quais são os valores e práticas predominantes no ambiente em que vivem. Os territórios mudaram, mas a maioria ainda não tem condições dignas de existência; há desigualdade socioeconômica e desrespeito aos direitos humanos básicos. Deve-se observar, entender e reconhecer que há diferentes formas de sociabilidades. Resta saber, ao conhecer a natureza dessas formas, se há espaço para práticas democráticas emancipatórias ou se são apenas espaços de reprodução do capital e perpetuação das desigualdades socioeconômicas. É importante atentarmos para a questão das desigualdades socioeconômicas, ao focalizar os territórios periféricos, áreas de pobreza e vulnerabilidade, porque muitos autores que pesquisam sobre as ações coletivas ou sobre os ativismos de forma geral abordam ou se referem apenas às desigualdades sociais e introduzem a categoria da interseccionalidade, como se ela em si abarcasse também as desigualdades econômicas de forma automática. E não é assim, há de se fazer mediações e conexões. Por isso uso a categoria socioeconômica que inclui os dois aspectos e utilizo também "desigualdades culturais" quanto às dificuldades ao acesso à cultura produzida pelo outro para uma grande maioria da população. Mas destaco sempre a cultura produzida pelos próprios sujeitos, de qualquer classe ou camada da população, porque ela é transformadora, é um processo criativo, educativo e emancipador.

A ideia de que as desigualdades sociais estão entrelaçadas pela interseccionalidade não elimina que seja dada ênfase à parte econômica, às desigualdades socioeconômicas propriamente ditas, a maioria delas com raízes na estrutura do modo de produção no país. A questão da desigualdade socioeconômica precisa ser uma chave prioritária porque é impossível falar da pobreza e não olhar para as estruturas macroeconômicas. A questão das classes sociais tem de ser colocada em debate. E isso não é voltar ao passado, como dizem alguns adeptos do pragmatismo, que têm horror às análises estruturais, especialmente se elas forem fundamentadas no marxismo. A esse respeito, Della Porta observa:

> Se volvió evidente que conceptos conocidos como el papel de las oportunidades políticas, la movilización de los recursos y los procesos de encuadramiento, requerían ser actualizados para tener en cuenta las condiciones socioeconómicas de las protestas. En lo que sigue argumentaré que, para volver a poner al capitalismo dentro del análisis de las protestas, necesitamos vincular la literatura sobre movimientos sociales con los aportes críticos a la economía política del capitalismo neoliberal (Della Porta, 2020, p. 49).

Este capítulo aborda os coletivos periféricos e exemplos da participação empreendedora a partir de uma comunidade de favela em São Paulo: a de Paraisópolis, no bairro do Morumbi, em São Paulo. Recupera-se seu histórico e as ações coletivas no seu território. Paraisópolis foi selecionada porque apresenta transformações nas últimas décadas em relação ao associativismo local e às formas de participação sociopolítica em territórios urbanos das camadas populares com alta densidade populacional. Originalmente, Paraisópolis tem uma trajetória de experiências associativas relacionadas a associações de moradores, relações com sindicatos, partidos, ONGs etc. Ao longo da última década ocorreram transformações neste associativismo comunitário e periférico, com a adoção de formas e modelos de coletivos periféricos e o desenvolvimento da forma de participação do empreendedorismo periférico. Desenvolveu-se um outro tipo de associativismo e de sociabilidade, com relações e conexões mediadas pelas redes digitais, diferentemente do associativismo de bairros e favelas das décadas de 1980 e 1990. Os movimentos, coletivos, ONGs e organizações civis privadas estão participando na gestão da rede de serviços e no modo de vida local do território com outras formas de engajamento, criando espaços e oportunidades para a geração de renda.

Coletivos periféricos e projetos sociais em São Paulo

A pesquisa nos levou a diferenciar o ativismo de coletivos que ocorre no território urbano dos coletivos que têm como foco questões urbanas, relativas à vida pública nos territórios de uma cidade, aqueles chamados de *coletivos de intervenção*. Essas intervenções se dão no espaço urbano sob a ótica do urbanismo tático, visando engajamento cívico dos cidadãos, especialmente de jovens, a exemplo da luta em defesa do Parque Augusta, na região central de São Paulo. Os coletivos periféricos se encontram nas comunidades de favelas e ribeirinhas em diferentes regiões da cidade, além de nas periferias propriamente ditas, territórios de vulnerabilidade social e econômica e de carência de serviços públicos. Eles não têm a mesma visibilidade na mídia ou apoio dos órgãos públicos, como os coletivos localizados em regiões centrais. Além disso, os projetos sociais desenvolvidos nas comunidades de favelas são mais focalizados do que os coletivos propriamente que atuam nesses projetos.

A gestão dos projetos sociais ganhou relevância na última década, especialmente quando recebem verbas de entidades privadas ou públicas, essas últimas recebidas via ementas parlamentares. Em vários casos, a inovação e o sucesso advêm precisamente deste ponto: terem apoio e verbas para atuarem. Em outros, o não sucesso da entidade se localiza numa má gestão ou na não transparência de suas ações, projetos, metas e relatórios. Sabe-se que o Governo Lula III recriou o Ministério das Cidades e, junto a ele, criou a Secretaria Nacional de Periferias (SNP) para atuar especialmente na urbanização de favelas, no Novo PAC (2024-2026), articulando diversas políticas públicas nas favelas, com o programa Periferia Viva. Com isso, abre-se uma linha de investigação sobre como as favelas participam da gestão dessas novas políticas sociais públicas e como a auto-organização feita pela própria comunidade opera e se diferencia dos modelos tradicionais de gestão das ONGs, por exemplo.

No associativismo periférico os projetos sociais têm papel de destaque como impulsionadores de coletivos culturais, assim como ações solidárias de empreendedorismo social, como as cozinhas comunitárias, que passaram de autoajuda a produção de alimentos e geração de renda com o apoio de redes da internet e de redes de entregadores locais. Segundo J. R. Martins, nos coletivos periféricos culturais, os

> modos de criação, produção, organização e estruturação dos grupos de teatro se configuram como práticas culturais imersas em contextos sociais e territoriais específicos. Esses processos estão intrinsecamente ligados às relações de trabalho, ao processo criativo, ao vínculo com o público e à inserção no território. No teatro de grupo – categoria à qual o Coletivo Estopô Balaio[8] se identifica – esses elementos dialogam com desejos estéticos, éticos e políticos, afetando diretamente tanto a linguagem quanto a obra produzida. Assim, o trabalho de gestão, produção e os processos de criação não se apresentam como esferas dissociadas, mas como dimensões interligadas, funcionando como um verdadeiro laboratório de experimentação de um outro

---

8. Localizado na Zona Leste de São Paulo.

> mundo possível [...] opera como uma dimensão que contesta a lógica gerencialista do modelo empresa, isto é, não se pauta em princípios de concorrência, eficácia, eficiência e produtividade disseminadas pela economia política e racionalidade neoliberal (Martins, J. R., 2025, p. 2).

Quanto ao empreendedorismo socioeconômico, ele deriva de outra matriz de pensamento, fundamentação, ideologia e modelo de gestão, muito diferente e oposta à do Coletivo Estopô Balaio, citado acima. No empreendedorismo socioeconômico as mulheres fazem parte dos empreendimentos de geração de renda em formas de participação do empreendedorismo citado no capítulo 1, que produzem novas subjetividades. Muitas não têm como horizonte uma cidadania salarial alicerçada em direitos sociais (carteira assinada, férias, 13º, INSS etc.). Sabe-se que o empreendedorismo resulta das políticas do neoliberalismo que têm focado na transformação e na diminuição do papel do Estado na economia e na vida social por meio de privatizações de empresas públicas, desregulamentações diversas visando a atração de capitais, abertura comercial e transferência de atividades típicas de governos para o chamado terceiro setor. Deve-se observar em regiões periféricas, especialmente nos grandes complexos de comunidades de favelas e em regiões centrais deterioradas, as novas redes de sociabilidade construídas com as inúmeras oficinas de costura solidárias, cozinhas comunitárias, centros de recreação e produção cultural, escolas de arte, quadras poliesportivas etc. Essas atividades têm construído polos de sociabilidade e cultura – e muitas se transformaram em bases de comércios no plano local, gerando emprego e renda, modificando as formas de associativismo no local de moradia, que se une ao local de trabalho (Coraggio, 2017).

Concordamos com Fontes quando afirma:

> As periferias são complexas e cada vez mais heterogêneas em termos de *status* socioeconômico e visões de mundo. Observar e analisar essa complexidade é essencial para evitar análises superficiais que tendem a culpar os pobres pelo avanço da agenda neoliberal autoritária ou romantizar a pobreza e sua resistência (Fontes, 2024, p. 22).

Coletivos periféricos e a favela Paraisópolis: origem e associativismo na década de 2000

Paraisópolis é o maior e um dos mais peculiares agrupamentos de moradia em áreas ocupadas/invadidas de São Paulo. É a segunda maior favela de São Paulo, a quinta no Brasil e a quarta na América Latina. Em 2024, estimava-se que a região tinha cerca de cem mil moradores, ocupava uma área de $10km^2$, superfície de 85 hectares e cerca de 21 mil moradias, situadas no distrito de Vila Andrade, no sul do bairro do Morumbi, caracterizado em passado recente como um bairro residencial de classe média e alta (Silva, E. *et al.*, 2020). Calcula-se que 80% da população local seja de origem do Nordeste do Brasil porque a região foi (e continua sendo) um grande espaço de acolhimento de migrantes dessa região. São pessoas que inicialmente vieram para São Paulo para trabalhar na construção do Estádio Cícero Pompeu de Toledo, o Morumbi, propriedade do São Paulo Futebol Clube. Alguns ficaram na região e depois foram trabalhar na indústria da construção civil, que teve um *boom* entre os anos de 1970 e 1980, fosse como pedreiros ou outros ofícios. Posteriormente, foram as mulheres o maior contingente de trabalhadoras na região, em empregos domésticos[9] e serviços em geral.

Dentre as favelas de São Paulo, Paraisópolis é a única cuja área não pertencia ao poder público, mas a um pequeno número de proprietários. Antes de se tornar uma das maiores comunidades de favela do país, a região onde está Paraisópolis foi parte da Fazenda Morumbi, destinada a atividades para o cultivo de chá (Dimitrov, 2022).

9. Segundo dados do Ministério da Igualdade Racial (MIR), em 2022, no Brasil, dos quase seis milhões de trabalhadores domésticos, mais de 67% eram mulheres negras que trabalhavam sem carteira assinada (75,3%) e sem contribuição para a previdência social (64,7%), cujos rendimentos do trabalho as colocavam em situação de pobreza (26,2%) ou de extrema-pobreza (13,4%) (Brasil, 2023).

Foto de Tuca Vieira, 20 jan. 2004. Edifício Penthouse. Morumbi, São Paulo (SP).

A foto acima se tornou icônica, simbolizando as desigualdades socioeconômicas existentes em São Paulo na primeira década de 2000. O prédio à direita foi construído na década de 1980, com apenas 13 apartamentos de mais de 300m² cada um, com vista para as chácaras do local, muito espaço verde. Em 2007, a foto foi utilizada como cartaz da exposição *Cidades globais*, do Museu Tate Modern, em Londres. Reportagem feita em 2024 por Cleyton Castelani, publicada na *Folha de S. Paulo*, apresenta a deterioração do edifício, encravado na divisa com a favela Paraisópolis, tendo a Avenida Giovanni Gronchi como divisória. Do outro lado da referida via há outra favela de porte médio, Jardim Colombo, que surgiu com extensão de Paraisópolis.

Paraisópolis teve, originalmente, uma trajetória de experiências associativas relacionadas a associações de moradores, relações com sindicatos, partidos e ONGs. Essas relações foram se transformando, agregando outros atores e formas novas, como associações comunitárias organizadas por gênero. Os coletivos periféricos também estão presentes no interior das associações (que se multiplicaram) e no entorno delas na favela.

A associação de moradores e a educação em Paraisópolis: parcerias e associativismo na primeira década do século XX

Iniciamos a discussão sobre o associativismo em Paraisópolis por alguns fatos da história de sua associação de moradores[10] e sua atuação na área da educação, porque ela teve papel importante na formação de grupos locais, especialmente compostos por mulheres, embora este fato não seja único em Paraisópolis. As mulheres tiveram presença majoritária nas lutas e movimentos populares periféricos desde a década de 1970, especialmente no caso das antigas creches (Gohn, 1985), atualmente nominadas como centros de educação infantil.

A associação União de Moradores de Paraisópolis foi criada em 1983 e passou a se chamar União de Moradores e Comerciantes de Paraisópolis[11]. Em julho de 2001, Paraisópolis reorganizou sua associação de moradores, juntamente com a favela Heliópolis – a maior de São Paulo –, sob a forma de uma "prefeitura local".

10. Retomo e atualizo dados de pesquisa que realizei no local em 2010. Os fatos após 2010 foram coletados em nova pesquisa, feita em 2024.

11. Nas décadas de 1950, 1960 e 1970, os comerciantes também predominavam nos cargos das antigas Sociedades Amigos de Bairros (SABs) (Gohn, 1982), mas o nome da entidade, sua identidade, era a de morador, não a do comércio.

A chamada União de Moradores atuou desde 2003 no campo da educação tanto para alfabetização de adultos quanto na oferta de cursos para qualificação profissional, em parceria com a Central Geral dos Trabalhadores do Brasil (CGTB) e a União Municipal dos Estudantes Secundaristas (Umes). Foram ministrados cursos de técnicas administrativas, informática, manutenção de computadores e operador de telemarketing ministrados para jovens, que depois eram encaminhados para o Centro de Integração Escola-Empresa (Ciee). Observa-se a relação das atividades no campo da educação associadas a movimentos, entidades de classe e empresas.

Em 2005, por meio de um projeto de urbanização da prefeitura municipal e contando com o apoio de dados da Secretaria Municipal de Habitação (Sehab), "descobriu-se" que a favela tinha 15 mil analfabetos, cerca de 19% da população. A União de Moradores, com apoio inicial de jovens do Rotary Clube do Campo Limpo, criou o projeto Escola do Povo[12], em 2007. Este projeto teve o apoio de programas dos governos federal (Programa Brasil Alfabetizado), estadual e municipal, apoio do Banco do Nordeste, parcerias com inúmeras entidades e organizações, inclusive comerciais, como Carrefour e Casas Bahia – esta última inaugurou uma unidade dentro da favela, em 2008. A Caixa Econômica Federal inaugu-

12. A Escola do Povo não é criação de Paraisópolis. Em 2008 havia 15 subsedes dela em São Paulo, atuando em sedes de associações de moradores e funcionando em vários turnos.

rou, em 2007, um terminal na favela. A Escola do Povo recebeu apoio também do Jóquei Clube de São Paulo, de restaurantes da região e de lojas do Shopping Jardim Sul, localizado na região do Morumbi. A Escola do Povo tinha, naquele ano (2007), pouco mais de mil alunos distribuídos em 52 turmas. O programa cresceu tanto que extrapolou a capacidade da União de desenvolvê-lo em sua sede e passou a ocupar outros espaços, como ONGs, igrejas, garagens, danceterias, salas da unidade do Hospital Einstein que funcionava na favela, entre outros. O projeto de alfabetização da Escola do Povo durava seis meses e funcionava duas vezes por semana, com aulas de três horas.

Destaca-se na Escola do Povo o apoio da Confederação das Mulheres do Brasil (CMB), entidade fundada em 1988, assim como o apoio da Federação das Mulheres Paulistas (FMP), criada em 1981 – a primeira federação de mulheres fundada no Brasil na era movimentalista da década de 1980. A favela tinha também um movimento de mulheres local: a Associação de Mulheres de Paraisópolis. O Congresso Nacional Afro-Brasileiro (CNAB), criado em 1995, era outra entidade de apoio à Escola do Povo. O projeto ganhou um prêmio, em 2007, da *Revista Dolce Vita*, na categoria "Ação em educação & cultura".

A Escola do Povo mobilizava também jovens da própria Paraisópolis e de fora da favela em congressos juvenis, a exemplo da I Conferência da Juventude de Paraisópolis, ocorrida em 2008, época em que os jovens representavam 31% da população local. Tendências políticas da esquerda presentes entre organizações de jovens no plano nacional, como o MR8, atuavam junto a estes congressos e eventos juvenis, principalmente via União Brasileira dos Estudantes Secundaristas (Ubes). Em 2008 havia ainda cinco mil crianças fora das escolas. Um Centro Educacional Unificado (CEU) com 1,3 mil vagas foi construído com capacidade para atender 2,8 mil alunos. Em 2009, dados indicaram que 54% da população tinham apenas o Ensino Fundamental e que apenas 7% haviam ingressado na faculdade segundo o Datafolha.

Em 2009 entrou em fase de captação de recursos um projeto para uma nova sede da União dos Moradores de Paraisópolis, idealizado pelo arquiteto Franklin Lee. Com salas, quadra esportiva, anfiteatro e até horta comunitária, a ideia era criar um centro cultural que acolhesse os inúmeros projetos sociais lá desenvolvidos – como biblioteca comunitária, capacitação profissional, alfabetização de adultos da Escola do Povo e cursos pré-vestibulares. A nova sede visava promover atividades socioeducativas e culturais para a população. O projeto recebeu o aval da Secretaria Municipal de Habitação.

No site da favela Paraisópolis o projeto da nova sede era apresentado da seguinte maneira:

> No ano passado (2008), o projeto da União dos Moradores de Paraisópolis ficou entre os 12 finalistas do Deutsche Bank Urban Age Award, uma premiação que, naquele ano, se-

> lecionou trabalhos que apresentaram soluções criativas para problemas de São Paulo. A sede da associação foi escolhida entre 133 projetos. Mas quem ganhou o prêmio de U$ 100 mil foi o programa de revitalização de um cortiço do centro da capital (www.paraisopolis.org) (Gohn, 2010a, p. 275).

Ainda no plano de projetos, em setembro de 2009, Paraisópolis esteve representada na Bienal de Arquitetura de Roterdã. O projeto apresentado reuniu três grupos internacionais de arquitetos: o Urban Think Tank, de Nova York, ligado à Universidade de Colúmbia; o Elemental, do Chile, ganhador do Leão de Prata da Bienal de Veneza de 2008, e o suíço Christian Kerez, famoso por suas obras minimalistas. Do Brasil, participaram Edson Elito (no passado criador do Teatro Oficina Lina Bo Bardi), Ciro Pirondi (criador da Escola da Cidade) e Marcos Boldarini. O diferencial do projeto não era apenas o caráter internacional de seus formuladores e o *status* que ganhou ao ser apresentado na Bienal de Roterdã. O diferencial era a possibilidade da participação dos moradores na execução de suas novas moradias, compondo o interior de suas casas; em alguns casos, o morador criaria a fachada de sua morada, com espaço para futuras expansões etc. Em termos do coletivo, o projeto tinha centro comunitário e escola de música, elevadores em áreas de grandes desníveis (lembrando o elevador Lacerda, de Salvador), despoluição do córrego local e criação de áreas de lazer nas suas margens, além de prédios de uso misto (moradia e comercial) e ciclovias ligando à futura estação do metrô da região. Ou seja, no projeto, Paraisópolis se transformaria em um território que justificaria seu nome: "cidade paraíso".

Projetos sociais em Paraisópolis

Os projetos sociais sempre tiveram destaque em Paraisópolis, tanto pelo número quanto pelos tipos e patrocinadores, conforme caracterização feita até o momento. Mas talvez esta forma de atividade social e cultural tenha sido a que mais mudou na última década na favela, transformando o que eram atividades no campo do voluntariado ou projetos do terceiro setor dentro da comunidade em formas de participação via "empreendedorismo socioeconômico", com a inclusão de coletivos no seu interior, alterando o caráter do associativismo local. Ou seja, de participação comunitária com voluntariado para participação empreendedora.

É necessário inserir a contextualização feita no capítulo anterior para entender as mudanças que têm ocorrido no mundo do trabalho e que geraram o empreendedorismo e outras formas de flexibilização das relações laborais. O empreendedorismo desenvolve uma nova mentalidade nas pessoas que aderem a esta forma, dando elementos para compreender os novos valores que adquirem e passam a informar suas ações no plano coletivo.

A favela Paraisópolis destaca-se no conjunto das existentes em São Paulo não apenas pela sua origem (um loteamento particular que foi ocupado aos poucos) e pela sua localização – encravada junto a mansões e condomínios de luxo ou básicos – entre moradias das camadas médias. Ela se destaca também porque tem tido o apoio de um conjunto de personalidades, empresas e empresários. Em 2008, 41 entidades ou projetos sociais atuavam lá, alguns com sede na própria comunidade; e cerca de 50 entidades, entre associações, ONGs e instituições filantrópicas que desenvolviam projetos e trabalho social em Paraisópolis, sendo os mais famosos o Hospital Albert Einstein e a ONG Meninos do Morumbi, além da Universidade Presbiteriana Mackenzie, com um cursinho preparatório para vestibulares na própria favela. Havia o Espaço Esportivo e Cultural Bovespa atuando na favela e uma escola da comunidade, mantida pelo Colégio Porto Seguro (colégio particular de origem alemã, para alunos de alta renda, que fica na região). O colégio atendia, em suas instalações, 850 crianças de Paraisópolis em atividades de reforço escolar. Havia também iniciativas como a de um morador que criou uma biblioteca para consulta pública aos demais moradores da favela. Projetos sociais no campo da economia solidária já existiam desde a década de 2000, com pequenos empreendimentos para geração de renda, especialmente oficinas de costura para confecção de *jeans* reciclados. Os produtos eram vendidos em *shopping centers* da cidade. Moradores da favela lutaram e conseguiram a concessão de uma rádio comunitária para ter espaço e alternativas de informação para a população local. Há ali o jornal *Espaço do Povo*, uma publicação do Centro Cultural Espaço Jovem de Paraisópolis.

Ainda em 2008, a União dos Moradores criou uma cozinha comunitária cujo objetivo era profissionalizar moradoras da favela; a comida produzida era distribuída em marmitas. O projeto funcionava a partir de doações. Essa modalidade de educação não formal ganhou força na época da pandemia do coronavírus, reformulando-se segundo novas formas de associativismo e se transformando, para uns, em "empreendedorismo"; para outros, em "economia social local" (Coraggio, 2017).

Em 2009 havia cinco associações de moradores ou de amigos atuando dentro de Paraisópolis. A mais ativa era a União de Moradores e do Comércio de Paraisópolis, que abrigava vários dos projetos citados acima, assim como acolhia ONGs e outros movimentos sociais, como a Associação das Mulheres de Paraisópolis. No conjunto das entidades, destacava-se também o Fórum Multientidades de Paraisópolis, que congrega as ONGs do bairro e foi criado em 1994.

> São cerca de 25 entidades que operam em rede, com reuniões mensais nas diversas organizações em sistema de rodízio, objetivando fortalecer as iniciativas populares em Paraisópolis e os esforços para melhoria da qualidade de vida na região (Paraisópolis, 2023, p. 1).

Associações de moradores de favelas, como a de Paraisópolis, conseguem espaço na mídia pela sua densidade populacional ou quando ocorrem desastres (fogo, deslizamentos na época das chuvas, crimes, sequestros-relâmpago ou violência policial).

A favela Paraisópolis a partir de 2019 e novas formas de participação e associativismo

Em 2019 Paraisópolis contava com dois mil moradores analfabetos ou semianalfabetos; 31% da população eram compostos por jovens de 15 a 29 anos, portanto mais vulneráveis à carência de emprego e oportunidades; 42% das famílias tinham mulheres como responsáveis. A renda média de 87% dos chefes de família era de até 3 salários-mínimos; 21% da população que tinha emprego atuavam no comércio local. Havia aproximadamente dez mil comércios locais – a maioria de propriedade de comerciantes locais. Paraisópolis tinha 14.433 domicílios e a renda familiar média da população local era de R$ 3.004,00. A imensa maioria dos domicílios (8.187) pertencia à classe C, com rendimento mensal de 4 a 10 salários-mínimos (Araújo, 2019)[13].

---

13. Em 2021 dados oficiais de Paraisópolis foram divulgados configurando-se o seguinte cenário: 100 mil habitantes, 85% de nordestinos, 13 escolas públicas (estaduais e municipais), 1 Centro Educacional Unificado (CEU), 1 Escola Técnica (Etec), 3 Unidades Básicas de Saúde, 1 Assistência Médica Ambulatorial (AMA), 4 agências bancárias, 658 presidentes de rua, 31.400 pessoas cadastradas no Emprega Comunidades, 1.500 empregos formais; Grandes empresas ingressando no mercado local; Lanchonetes representam 26%; Lojas de roupa 15%; Mercados e supermercados 14% e Salões de beleza 13%; 72% formalizados como MEI; 1 Agência de empregos, 1 Agência de Comunicação da Favela, Jornal Comunitário e 1 Rádio Comunitária (Paraisópolis, 2025).

Pesquisa realizada em 2023 sobre Paraisópolis durante a pandemia da covid-19 mencionou que:

> A comunidade possui um banco próprio, administrado pela associação de moradores e comerciantes que permite, por meio da emissão de moeda local, a concessão de microcréditos a juros baixos aos moradores e um cartão de crédito exclusivo para a comunidade, hoje com mais de seis mil usuários. Em contraste com o dinamismo de sua economia doméstica, destaca-se a alta vulnerabilidade da população local, afetada pela falta de qualidade ambiental e infraestrutura urbana, incluindo serviços médicos, além da exposição a riscos de desastres, como deslizamentos de terra, inundações e incêndios (Arriagada; Sotto; Cortese, 2023, p. 103).

Registre-se que criar instituição de crédito próprio não é restrito às associações que têm apoio do terceiro setor; ocorre também em movimentos sociais populares, a exemplo do Movimento dos Trabalhadores Sem Terra (MST), que divulgou, em janeiro de 2025, a criação do Investimento Participativo Finapop, conforme comunicado da secretaria do MST em seu boletim[14].

---

14. "As cooperativas e associações da reforma agrária enfrentam dificuldades para acessar crédito em bancos tradicionais. Por isso, criaram o Finapop, que conecta campo e cidade para financiar a produção de alimentos saudáveis. Com a Plataforma de Investimento Participativo do Finapop, você escolhe projetos para investir, avalia condições de empréstimos, acompanha prazos e recebe informações sobre os impactos e resultados na vida das famílias e na produção" (MST, Comunicado n. 2/2025, de 21/01/2025).

Os moradores são todos conectados via internet nos celulares e têm conta bancária. Tem empresas de logística, como a *startup* Favela Brasil Xpress, que distribui mercadorias em Paraisópolis e em outras seis favelas, e a primeira agência do G10 Bank, banco digital para pessoas físicas e jurídicas moradoras das favelas, criado em 2019. O G10 Bank foi uma iniciativa apoiada pelo G10 Favelas, instituição que reúne líderes de dez das maiores favelas no Brasil e se apresenta como:

> bloco de líderes e empreendedores de Impacto Social nas favelas do Brasil. O G10 tem o propósito de inspirar o país a lançar um novo olhar para as periferias, tornando as comunidades grandes polos de negócios e atrativo para investimentos.

Ainda segundo informes do site do G10, eles "incentivam a criação de soluções para os problemas que existem nas favelas, com foco na geração de renda e impacto social, formando lideranças comunitárias e futuros empreendedores de negócios para essas comunidades". Segundo Gilson Rodrigues[15], em entrevista ao canal de notícias UOL, o

> G10 Favelas propaga pelo país a experiência de 48 iniciativas que nasceram na favela de Paraisópolis, Zona Sul de São Paulo, para gerar trabalho e ren-

15. Gilson Rodrigues, ex-presidente da União de Moradores, vive no bairro há trinta anos; sua família chegou lá na década de 1970. Ele foi também presidente da Federação das Favelas de São Paulo em três mandatos e foi eleito vereador, em 2005, pelo PSDB. Atualmente é o presidente do G10 das Favelas.

> da. Acelera e apoia financeiramente esses negócios, com formações e produtos financeiros que atendam as necessidades dos empreendedores de favela. Com mentoria, negócios como Gastro Favela, a empresa de logística Favela Brasil Xpress, a Agrofavela e o Linkedin da Favela crescem e geram emprego local (UOL, 2025, p. 1).

Ainda segundo Rodrigues:

> As favelas sofrem uma espécie de embargo econômico. Esse embargo econômico se dá a partir da não ida dos aplicativos de carro, do bloqueio do e-commerce, das negativas dos "bancões" ao crédito. Existe uma série de limitações de serviços que não chegam na favela, fazendo esse embargo (UOL, 2025, p. 1).

Paraisópolis celebrou seu centenário em 16 de setembro de 2021 com uma série de atividades. O G10 teve participação no suporte econômico de inúmeras delas. Incentivou-se, por exemplo, o programa de revitalização "Cores da Favela", em que os moradores pintavam as fachadas de suas moradias com tintas coloridas.

Durante a pandemia da covid-19,

> uma parceria da União de Moradores com a Associação das Mulheres de Paraisópolis e o G10 das Favelas, surgiu o "programa de socorro" à comunidade na Zona Sul de São Paulo. Foram escolhidos 420 "presidentes de rua", voluntários que são responsáveis por zelar por trechos de vias predefinidos, cada uma com cerca de 50 casas. Os "presidentes" tinham a missão de monitorar se algum morador de sua região tem sintomas da

> covid-19 ou se precisa de atendimento médico. Outra tarefa é a de identificar as famílias com a renda reduzida ou mesmo sem renda e que estejam passando fome. Para o atendimento médico, a comunidade contratou uma equipe com três ambulâncias (sendo uma UTI móvel), dois médicos, dois enfermeiros e três socorristas, que se mudaram para Paraisópolis há 15 dias [...]. "Como o Samu não chega nas casas, nós acabamos fazendo todo tipo de atendimento". Os líderes de rua acionam a ambulância e nós fazemos o atendimento de todos os tipos de problemas de saúde (Paraisópolis, 2025).

Paraisópolis é também um importante núcleo cultural da Zona Sul da capital paulista, com várias atividades e coletivos culturais. Há um circuito cultural chamado "Paraisópolis das Artes", que realiza visitas ao Castelo do Gaudí de Paraisópolis. Há o Ateliê do Berbela, um mecânico que reaproveita peças automotivas e faz obras de arte. Existe a orquestra de Paraisópolis e a casa do Antenor, que criou uma casa de garrafas *pet*. E vários artistas, escritores e atores vivem no bairro, relata o líder comunitário (Padin, 2021). Até uma novela[16] da Rede Globo já foi gravada em Paraisópolis.

---

16. I Love Paraisópolis, Rede Globo, 2015. Entre os atores estavam: Caio Castro, Henri Castelli, Carol Abras, Dani Ornellas, Maurício Destri, Maria Casadevall, Bruna Marquezine e Tatá Werneck. Nas cenas gravadas na comunidade todos os figurantes eram moradores locais. A novela contou também com as participações especiais da cantora Sandy, da apresentadora Fátima Bernardes e do ator Francisco Cuoco.

O Ballet Paraisópolis, projeto criado em 2012, tem cerca de cinquenta bailarinos, com idade entre 6 e 17 anos; eles participaram do desfile da escola de samba Acadêmicos do Tatuapé no Carnaval de São Paulo, em 2019. O baile *funk* é uma atração de Paraisópolis, que recebe uma média de cinco mil pessoas por semana, funcionando de quarta a domingo; é considerado um dos maiores bailes *funk* da capital, batizado de DZ7.

Em 2019 nove jovens com idade entre 14 e 23 anos morreram pisoteadas no baile *funk* após ação da Polícia Militar. Depois do ocorrido no baile *funk*, a União de Moradores de Paraisópolis afirmou: "Não foi acidente! Jovens de toda a cidade há anos vêm curtir o baile da D17 e encontram na comunidade que sofre com a ausência de oportunidades culturais e de lazer uma oportunidade para estar com amigos e se divertir" (Araújo, 2019).

Em 2024 a imprensa noticiou que o baile ia ser suspenso devido à violência policial, violência que levou um grupo de ativistas e instituições de direitos humanos a criar o Comitê de Crise Paraisópolis Exige Respeito (Sousa, L. E.; Dias, 2024).

No dia 1º de dezembro de 2024 completou-se cinco anos do ocorrido no baile *funk* e o processo segue ainda sem finalização. Moradores, especialmente parentes dos nove jovens mortos, fizeram uma passeata de protesto neste dia, noticiada pela imprensa, caminhando pela Avenida Morumbi e parando em frente a um bloqueio em um dos portões do Palácio do Governo do Estado de São Paulo, no Morumbi.

A participação empreendedora

O ponto a ser destacado que se conecta ao objetivo deste livro, de apresentar mudanças nas formas de participação, é o novo associativismo de moradores que se desenvolveu em Paraisópolis durante a década de 2010, mais especificamente após a pandemia da covid-19. Observou-se ali a criação de uma série de microempresas lideradas por mulheres, a maioria delas organizadas sob a forma de coletivos solidários, comunitários, trabalhando no local, mas com parcerias de fora da comunidade via uso de tecnologias. Surgiram a partir de projetos sociais, alguns já existentes, outros novos, com destaque para o apoio do G10 Favelas, visando impulsionar o "empreendedorismo nas favelas", a exemplo do que fez nos grupos Costurando Sonhos, Mãos de Maria Brasil, Horta na Laje e Emprega Comunidade. O G10 Favela oferece mentoria, microcrédito e apoio para fortalecer os negócios das moradoras. O ambiente virtual é utilizado, inclusive para recrutamento e seleção de moradores(as) participantes. As lideranças dos empreendimentos são denominadas *CEO*. No início realizavam, por exemplo, treinamento gratuito em costura para inserir as alunas no mercado de trabalho. Como não funcionou bem, começaram a gerar produtos próprios. Atualmente, as três microempresas citadas tinham, em 2024, parcerias com Amazon, Latam e Itaú, por exemplo. Um diferencial nestes grupos é que a forte presença das mulheres não é apenas porque estavam sem trabalho, disponíveis. Questões identitárias de gênero, raça, sexualidade da comunidade LGBTQIA+ etc. estão presentes. Acolhe-se também mulheres que viviam relacionamentos abusivos e vítimas de violência. A geração de renda nos projetos propicia condições de independência financeira para saírem desses relacionamentos. Esses grupos são discriminados, invisibilizados pela mídia e ficam ressentidos pelo tratamento que recebem da sociedade em geral e dos órgãos públicos, em específico. Não dá para ignorar a tal autoestima que dizem recuperar.

Com a digitalização da vida cotidiana, a subjetivação e o papel das emoções cresceram e as mulheres sempre tiveram destaque neste campo, articulando com rapidez o sentir (acionado pelas emoções), o pensar, o racional (para equacionar estratégias) e o agir (a prática resultante).

Para vários analistas, dentre todos os movimentos sociais, o movimento feminista é um exemplo de reconhecimento, consolidação e liderança na sociedade, pelo alto nível de reflexão e avanço nas suas práticas. Sua maneira de atuar ensina não apenas um caminho, uma possibilidade, mas também uma forma de pensar, de refletir sobre a vida cotidiana, ligando ou articulando as diferentes posições dos seres humanos enquanto sujeitos na história. As mulheres são o grupo que mais realizam interconexões entre as diferentes posições dos sujeitos, a exemplo de ser mulher, preta, trabalhadora, mãe, com uma certa idade, pertencente a dada classe social, nacionalidade e/ou adepto de crenças religiosas. É a interseccionalidade citada no capítulo 3. É nesse novo cenário que devemos analisar o associativismo civil nos tempos atuais em Paraisópolis.

Acrescente-se ao território o grande número de templos e seitas religiosas existentes em Paraisópolis, que acolhem e criam formas de sociabilidade para as pessoas. Do ponto de vista da religião, todas as seitas e crenças são encontradas. Décadas atrás, eram entidades cristãs católicas que estavam à frente da maioria das ações sociais via mosteiros e colégios da região do Morumbi, assim como via trabalhos de instituições que contam com seu apoio, como a Cáritas. Atualmente o número de igrejas e grupo de evangélicos predomina. Destaque-se também o grande número de organizações espíritas na região.

A sociabilidade em Paraisópolis foi construída via redes de vizinhança e parentesco existentes. Pesquisas de E. C. Marques (2008) já atestaram que "os mecanismos de integração social produzidos pelas redes de relações primárias e associativas, tais como as religiosas, os familiares, as de vizinhança, as de caráter civil etc., que se entrecruzam e se retroalimentam", explicando grande parte da estrutura social existente. O dinamismo da vida sociocultural existente não se deve, portanto, apenas pela presença de uma grande rede de associações, ONGs e entidades de apoio, mas sobretudo a redes pessoais, aos laços sociais e à experiência cotidiana das pessoas e dos diferentes grupos sociais locais, de compartilhamento de valores, estruturas de parentesco, amizade, entre outras. O engajamento dessas pessoas em projetos sociais que atuam, produzem e comercializam, dentro e fora da favela, é o diferencial da atualidade, porque, em décadas anteriores, a rede de sociabilidade e solidariedade servia para apoiar em mutirões para a construção ou reconstrução de barracos, para apoiar reivindicações da Associação de Moradores ao poder público etc. (Gohn, 1991). Naquela época, as reivindicações se apoiavam em redes articulatórias com a participação de moradores, entidades religiosas, intelectuais progressistas, especialmente alguns vinculados a faculdades de arquitetura e urbanismo, e o princípio que orientava as discussões era o direito à cidade, tendo como apoio obras como as de Henri Lefebvre, que dizia:

> O direito à cidade se manifesta como forma superior dos direitos: direito à Liberdade, à individualização na socialização, ao habitat e ao habitar. O direito à obra (à atividade participante) e o direito à apropriação (bem distinto do direito à propriedade) estão implicados no direito à cidade (Lefebvre, 2001, p. 134).

Atualmente, no estudo sobre Paraisópolis, as relações socioeconômicas, políticas e culturais têm novos atores. O associativismo periférico se organiza via coletivos comunitários estimulados pelo empreendedorismo, que é apoiado por entidades externas à comunidade, geradoras de um novo associativismo periférico focado no protagonismo de indivíduos com determinados objetivos e geração de renda, mas também geradores de sociabilidade local.

Considerações finais

Este capítulo tratou de questões do universo temático da participação da sociedade civil em São Paulo a partir de pesquisa que temos realizado sobre participação, novas formas de associativismo, engajamentos e sociabilidades construídas. O destaque que registramos é: há novidades no associativismo urbano em São Paulo, na forma de se organizar, nas demandas e nas práticas desenvolvidas. Ele é ativo e propositivo e não se limita às camadas populares; atua em rede – especialmente online –, é diverso.

Como assinalado no início, os territórios mudaram, ainda são muitas moradias sem condições dignas de existência; há desigualdade socioeconômica e desrespeito aos direitos humanos básicos, mas há diferentes formas de sociabilidade. Eles estão conectados entre si e a tecnologia emerge como campo fértil para impulsionar a ação coletiva. Alguns movimentos antigos, como as associações de moradores locais, têm usado a inovação tecnológica e produzem suas próprias narrativas acerca dos recursos e das habilidades que têm. Além disso, mobilizam o poder público, criam redes de pessoas que promovem e coordenam atividades alternativas atentas às demandas das comunidades em que estão inseridas e formulam seus próprios projetos de vida, trabalho e existência.

O capítulo apresenta o associativismo na favela de Paraisópolis como exemplo porque é um território que passou pelas diferentes formas de participação caracterizadas no capítulo 1 e atualmente temos várias formas dessas convivendo, algumas metamorfoseadas – predominando a do empreendedorismo –, que incluem também comunidades LGBTQIA+ advindas de coletivos. Além disso, há vários coletivos na área da cultura, do esporte e do lazer. Costurando esse leque de relações, ações e projetos, encontramos a presença do poder público via programas sociais, como o Bolsa Família, ações na área da saúde e da educação – via escolas de educação fundamental –, assim como a ocupação/intervenção militar na hora do conflito. Partidos e grupos político-partidários também atuam na favela, principalmente na programação com os jovens. Movimentos sociais, como o das mulheres ou dos afrodescendentes, convivem com associações, coletivos, ONGs e outras entidades caritativas e assistenciais.

As principais conclusões são: o modelo de urbanização em São Paulo, onde ricos e pobres convivem na mesma região, separados muitas vezes por um muro, uma avenida ou um pequeno morro (Caldeira, 2000) prosperou. Trata-se de um território no qual duas realidades conviviam lado a lado: a dos moradores pobres de Paraisópolis e as mansões e condomínios de luxo da região do Morumbi e de Panamby. A pobreza que se estabeleceu nas décadas de 1960 a 1970 em áreas até então consideradas como periféricas conseguiu inúmeros melhoramentos graças às ações solidárias e às redes de associativismo existentes. Mas o modelo da segregação em áreas periféricas não acabou, porque novas periferias continuamente estão se formando, em anéis concêntricos à cidade cada vez mais distantes de suas fronteiras (Bógus; Taschner, 1998).

A pobreza que se estabeleceu em São Paulo entre as décadas de 1960 e 1970 em áreas consideradas periféricas na época agora convive com mansões e condomínios de luxo, a exemplo dos casos aqui retratados, na região do Morumbi. É um processo diferente do Rio de Janeiro, porque os moradores de maior poder aquisitivo é que avançaram sobre as áreas periféricas. Em São Paulo, as favelas grandes e antigas não se situam em morros, mas em baixadas e declives, convivendo ao lado de condomínios de luxo. Os problemas de segurança, tráfico e guerra entre quadrilhas e outras mazelas dos poderes paralelos ligados ao crime e a contravenções estão também presentes nas favelas em São Paulo, da mesma forma que no Rio de Janeiro.

Os pobres garantem sua sobrevivência trabalhando no setor de serviço para os ricos ou camadas médias do Morumbi. E sobrevivem também graças às redes de sociabilidade que desenvolveram entre parentes e "conhecidos da terra". Duas realidades conviviam lado a lado: a dos pobres consegue alguns melhoramentos graças às ações solidárias e às redes de associativismo existentes, que inclui moradores e lideranças. Algumas dessas últimas percorreram os caminhos já clássicos na política brasileira: presidente da associação de moradores, vereador e por aí vai, continuando lá até os dias atuais. A sociabilidade e a solidariedade existentes contêm elementos novos, advindos

dos trabalhos sociais via projetos de intervenção/atuação social de ONGs, entidades do terceiro setor, jornalistas, radialistas, jogadores de futebol, fundações empresariais e novos grupos de articulação sociopolítica, como o citado G10, que convivem com elementos "antigos", agora reciclados, como as formas tradicionais de participação via associação de moradores, grupos político-partidários e uns poucos movimentos sociais propriamente ditos. A forma de engajamento parte de identificações que contêm interesses pessoais, vinculados à geração de renda ou a necessidades familiares, mas as ações dos coletivos que formam ou nos quais se inserem configuram atos colaborativos/solidários, assim como uma nova cultura política no campo da participação.

Este capítulo tratou sobretudo das possibilidades de inovações democráticas em formas de participação de ações coletivas advindas da sociedade civil e de seus impactos na sociedade, nas políticas públicas e nas formas tradicionais de participação, tendo como base de dados territórios urbanos de São Paulo.

Capítulo 4

Movimentos dos povos originários indígenas – resistir para existir[17]

Introdução

Segundo o Instituto Brasileiro de Geografia e Estatística (IBGE), o Censo Demográfico de 2022 revelou que o Brasil tem quase 1,7 milhão de indígenas, o equivalente a 0,83% da população total do país (203,1 milhões). Conforme o censo, o número da população indígena foi de exatamente 1.693.535 pessoas, contingente encontrado tanto dentro quanto fora das localidades indígenas. Esse número é 88,8% maior do que o registrado no recenseamento de 2010, que foi de 896,9 mil pessoas. Os números geraram debates e explicações dos órgãos técnicos sobre diferenças nas metodologias de coleta dos dados. Ainda de acordo com o Censo Demográfico de 2022, a população indígena residente em áreas urbanas chegou a 914.746 pessoas, ou seja, 53,97% do total de indígenas no país.

---

17. Uma versão preliminar resumida deste tema foi publicada na *Revista Brasileira de Sociologia* (Gohn, 2024). Neste capítulo revimos e ampliamos a versão anterior e a atualizamos com os dados analisados até 2025.

Em 2010, esta população era de 324.834 pessoas – 36,22% do total de indígenas. Existem 180 línguas[18] indígenas faladas no país e 305 diferentes etnias.

Um ponto de destaque é o grande número populacional deste grupo étnico, parte dos povos originários, e o fato de ele ter pouca visibilidade nos estudos sobre as ações coletivas no Brasil, especialmente nos movimentos sociais. Em 1988, Roberto Cardoso de Oliveira alertou para a importância do movimento indígena e para o fato de ele não ter recebido, até então, a mesma atenção dada pelos estudiosos dos "movimentos sociais" da época (Oliveira, R., 1988). Lembrando que o estudo sobre os movimentos sociais, naquela década, representou uma "novidade" na área das ciências sociais.

Sabe-se que o movimento dos povos indígenas é histórico: inicia-se com atos de resistência à chegada dos colonizadores à América (Ribeiro, 2004). Usualmente foi abordado nas ciências sociais como área de pesquisa da antropologia (Cunha, 1987; Mindlin, 1989; Oliveira, R., 1988, 2006 e outros); e alguns poucos estudos na sociologia, como José de Souza Martins (1979). Dada a relevância dos povos indígenas e visando contribuir para diminuir a lacuna apontada por Cardoso de Oliveira, em 1988, passamos a pesquisar a temática dos povos indígenas e seus inúmeros coletivos como um movimento social.

18. Dados do Instituto do Patrimônio Histórico e Artístico Nacional (Iphan), que, em 2010, fez o Inventário Nacional da Diversidade Linguística (INDL).

Como ponto de partida sobre o protagonismo do movimento dos indígenas na cena pública e para problematizá-lo buscando entender o caráter, a natureza, as diferenciações e singularidades desse movimento em relação aos demais que têm ocorrido historicamente no Brasil, realizamos um levantamento da literatura a respeito, especialmente teses e dissertações acadêmicas, além de publicações advindas de representantes da própria comunidade dos indígenas. Os trabalhos encontrados se localizam fundamentalmente no campo da antropologia e da história, sendo raros na ciência política e na sociologia. Essas referências bibliográficas foram fundamentais para o resgate da memória das lutas dos indígenas nos períodos selecionados para análises neste capítulo, possibilitando um diálogo com os estudos – como o movimento foi visto, problematizado e analisado por seus autores, além de como podemos vê-lo atualmente.

Seleciona-se dois momentos na trajetória das lutas dos indígenas, a saber: da década de 1970 a 1988 – com seus atores, lutas e apoios que levaram à conquista de direitos na Carta Magna; e o período de 2020 a 2025, quando é pautada a retomada da questão da demarcação das terras indígenas e do Marco Temporal no plano das políticas públicas, com embates e pressões sobre os poderes Legislativo, Judiciário e Executivo. Ou seja, é feita a análise da luta dos povos originários indígenas para a garantia de direitos em dois momentos importantes da conjuntura sociopolítica brasileira: um na fase da ditadura militar e na construção do principal instrumento jurídico do país, a Constituição Brasileira de 1988; o outro, no período de redemocratização, com muitas tensões e polarização política, de 2020 a 2025, quando o tema do Marco Temporal – a ser discutido adiante – é colocado no campo das disputas por direitos de terras e territórios dos indígenas. A escolha desses dois momentos tem no Marco Temporal uma ligação direta. Na luta pelos direitos, nos dois momentos, destaca-se o protagonismo dos indígenas junto aos poderes da República: no Legislativo, na década de 1980, e no sistema Judiciário, no Superior Tribunal Federal (STF), na década de 2020; além disso, destacam-se também as diversas articulações de associações dos indígenas com a sociedade civil organizada em ONGs e outras entidades associativas. Certamente há outros momentos importantes nas lutas dos indígenas, mas para este capítulo selecionamos esses dois como os mais relevantes.

O capítulo apresenta uma seleção de fatos e acontecimentos do movimento indígena no Brasil a partir da década de 1970 e faz um balanço da luta dos povos originários indígenas do país pela sobrevivência em seus territórios e pelo resgate (ou obtenção) de sistemas de controle jurídico democráticos, que garantam direitos previstos (ou a se adquirir) nas vias constitucionais. O tema dos territórios indígenas, observado via questões jurídicas de direitos, como a do Marco Temporal, é pesquisado segundo uma linha do tempo para analisar as ações dos indígenas enquanto um movimento social. No período entre 2020 e 2023 apresentam-se fatos e narrativas sobre a tensão constante entre os atos de resistência e os ataques às comunidades dos povos indígenas, especialmente nas regiões da Amazônia e da Bahia durante a gestão do ex-Presidente Bolsonaro, no contexto de desdemocratização de instituições e de sujeitos coletivos. Após a eleição de Luís Inácio Lula da Silva, em outubro de 2022, a questão dos povos originários ganha outro patamar na agenda nacional, com a criação de um ministério específico para a questão: o Ministério dos Povos Indígenas, em janeiro de 2023. Foi uma conquista que abriu uma nova etapa de lutas, tensões e reposicionamentos nos marcos das tensões entre os diferentes grupos políticos que compõem o novo Governo Federal e no debate internacional sobre meio ambiente, a Amazônia etc.

Aspectos teórico-metodológicos e de operacionalização da pesquisa sobre os povos indígenas

Destacamos dois aspectos teórico-metodológicos: as teorias para interpretação e análise do movimento dos indígenas e a metodologia de operacionalização da pesquisa: coleta e o tratamento analítico dos dados.

Como ponto de partida, a questão teórica inicial é: Podemos analisar as ações coletivas dos indígenas como movimento social? A resposta é “sim” e concordamos com Ascenso (2021, p. 51), que diz: “Desde que ele [movimento] seja concebido como um conjunto de redes que inclui também não indígenas, ainda que com o horizonte expresso de construção de um protagonismo indígena". Ao se considerar que eles constituem um movimento social, as teorias usuais sobre os movimentos sociais contemporâneos são adequadas para analisá-los? Destaco que duas das teorias que têm sido mais utilizadas nas últimas décadas em análises sobre os movimentos sociais, a teoria do processo político e a teoria dos novos movimentos sociais, não foram formuladas para entender as ações dos povos indígenas, mas as categorias teóricas que elas criaram, como instrumentos de análise, podem ser adaptadas para o caso em tela, dos indígenas. Cito três categorias: a noção de repertório de Charles Tilly (2004) e Tarrow (1994), a de identidades coletivas de Melucci (1980) e a de protestos envolvendo muito o aspecto cultural (Jasper, 2016). As teorias sobre o Sul-Sul Global, embora mais abrangentes e não sendo teorias específicas sobre movimentos sociais, também devem ser lembradas, porque são pontos de partida para análises. Lembrando que as teorias sobre a decolonialidade (e outros nomes congêneres), abordando as relações entre os povos indígenas das Américas e os colonizadores europeus, são muito antigas. Lembrando ainda da advertência feita na apresentação deste livro, a saber: as ações coletivas dos indígenas estão sendo analisadas sob a perspectiva de um movimento social, mas há inúmeros coletivos, de diferentes etnias, atuando no interior ou separados dos movimentos, especialmente coletivos culturais. Trata-se do caso de coalização de interesses entre movimento e coletivos, tratados no capítulo 2.

A questão dos movimentos dos indígenas (são inúmeros) insere-se num campo mais abrangente, que diz respeito aos movimentos e às lutas identitárias, bem como ao novo papel que elas adquiriram nas últimas décadas no Brasil, especialmente na luta dos povos originários, assim como ao protagonismo de lideranças indígenas no cenário. Adotamos a perspectiva teórica de Melucci (1995) para a identidade como a capacidade de se reconhecerem e serem reconhecidos como parte de uma mesma unidade social. Falar de unidade social não significa falar de grupo homogêneo, ao contrário: os povos indígenas compõem-se de diferentes etnias e são diferenciados quanto a línguas, crenças, valores, costumes etc. Mas quando se aglutinam em alguma luta – contra os madeireiros, garimpeiros ou outros, por exemplo – para pressionar o Estado para garantir ou obter direitos, eles formam uma identidade interétnica e configuram uma consciência interétnica (Matos, 2006). Para tal, eles têm de criar laços e redes de vínculos heterogêneos com diferentes grupos agentes da sociedade civil e política do país. A construção do sujeito coletivo-movimento social indígena envolve estratégias de mediação não só entre repertórios diferentes, mas entre sistemas simbólicos (cosmológicos) diferentes.

Por tudo isso, uma teoria dos movimentos sociais para a análise e maior visibilidade dos povos indígenas está ainda para ser construída e envolve não apenas o entendimento da cosmovisão dos indígenas, mas também a articulação desta cosmovisão no cenário da política onde ocorre a interação. Uma cosmopolítica, portanto, que envolve reconhecimento de uma ontologia de ser, fazer e saberes de grupos organizados em nações étnicas, aliando coletivos, associações etc., cujo sustentáculo é o primado da luta – a luta em defesa de seus modos de ser e fazer que dá força e coesão (Ferdinand, 2022). E essa luta tem em seu centro o direito à vida, construída na trajetória com autonomia, contra as práticas de devastação ecológica planetária, levadas à frente pela modernidade em nome do progresso e do desenvolvimento de forças produtivas. Olhar e analisar a realidade sob este prisma envolve olhar para os povos originários não como remanescentes ou sobreviventes de um passado, mas vê-los como grupos que estão em lutas coletivas, vivas, contra o capital devastador, lutas anticapitalistas atuais. Eles são "figuração do futuro", nos dizeres de Kroijer (2010). Envolve também deixar de lado as certezas preliminares, adotar as incertezas como plataforma epistêmica, sob uma realidade com profundas desigualdades e assimetrias (Moraes, 2023). Ou seja, olhar e analisar os grupos dos povos originários a partir de outras categorias, incluindo seus saberes e conhecimentos como expressões do pensamento crítico, um pensamento que nos ajuda a entender as concepções dos povos originários sobre possíveis transições civilizatórias, dos modelos ditos "progressistas" baseados no neoextrativismo desenvolvimentista, sendo o país atualmente o reino das *commodities*, para outras possibilidades de vidas dos seres (visíveis e invisíveis) (Escobar, 2016; Stengeres, 2017; Svampa, 2019).

Um outro registro importante é que as lutas identitárias envolvem questões de raça, etnia, orientação sexual, questões de gênero, além de identidades religiosas, assim como as de deficiências físicas. Elas têm predominado em parte da sociedade ocidental, na academia, nas empresas, no campo das políticas públicas e nos partidos e movimentos políticos progressistas. O termo "identitarismo" se tornou corrente para denominar as lutas identitárias, que aglutinam grupos com características internas similares que passam a lutar e pressionar por seus direitos. O movimento dos povos indígenas tem várias das especificidades dos "identitários", mas só podem ser analisados se forem colocados na perspectiva do geral, do universal, em que suas diferenças se destacam não apenas em relação ao não indígena, mas também em relação a outros movimentos identitários. Suas lutas centrais dizem respeito ao modo de viver – livres em aldeias, com seus costumes e ritos advindos da ancestralidade. O lugar e o papel das mulheres têm grandes diferenças em relação às mulheres brancas, ocidentais. O mundo do trabalho moderno e suas formas de exploração e discriminações estão presentes em suas lutas contra a instalação de usinas, madeireiras e extração de metais, por exemplo, não apenas porque invadem suas terras, mas também porque são retiradas suas fontes de viver: os peixes e os animais de caça desaparecem, a água torna-se poluída etc.

Por fim, um ponto relevante ao analisarmos as lutas dos povos indígenas como um movimento social diz respeito ao conceito de autonomia, muito presente nos atuais debates sobre movimentos e coletivos. A fonte importante de inspiração na concepção de autonomia utilizada pelos povos originários indígenas tem relação com a ideia de autogoverno, sob a perspectiva de um horizonte emancipatório. Nessa concepção, existe autodeterminação territorial, costumes, modo de vida etc. O grupo compartilha a mesma cultura, concepção de mundo e história, emergindo através da constituição da autonomia política, intelectual e moral dos sujeitos de subalternos para sujeitos de direitos. A autonomia como autogoverno destaca também a autonomia intelectual e moral onde há algum tipo de processo de organização e de articulações (Tapia, 2023). A reconstituição de territórios e de estruturas de autoridade originária são fases do processo. Vai muito além da mera descentralização política no seio de estruturas estatais homogêneas, com projetos e reformas dentro dos estados existentes. O importante é o processo de autonomia reconhecer a organização social e política dos territórios e das culturas indígenas; autonomias comunitárias, em estados plurinacionais democráticos e intercultural. Essa abordagem trata a autonomia no campo de uma ecologia política mutualista ou cosmopolítica, a partir de práticas de sujeitos que não querem apenas denunciar os problemas do capitalismo, mas que têm práticas que fomentam uma ecologia política mutualista, a exemplo de povos originários, indígenas, quilombolas, povos ribeirinhos tradicionais etc. A autodeterminação é a consciência de uma coletividade capaz de se apresentar como personalidade histórica, que pretende conduzir seu próprio destino. Esta perspectiva está presente nas diferentes linhas da abordagem decolonial na América Latina e correntes do Sul-Sul Global. E encontramos inúmeros coletivos nos povos originários indígenas no Brasil, atuando no campo das artes, da cultura em geral, da educação e dos direitos humanos.

Em relação à metodologia operacional utilizada neste estudo, o período da década de 1970 até a Constituição de 1988 teve como fonte de dados publicações de indígenas e ativistas, entrevistas registradas em sites de entidades civis de apoio e defesa dos povos originários, além de teses, dissertações, artigos e livros sobre a temática dos indígenas. Para o período de 2020-2023, a metodologia tem especificidades; ela tem como fonte de dados a mídia escrita e online, além de sites de entidades civis, movimentos e coletivos sobre a temática dos indígenas. Consultamos também sites de órgãos públicos para acompanhar o desenrolar dos debates ao redor do tema do Marco Temporal, lembrando aqui os registros que fizemos na apresentação deste livro sobre as tecnopolíticas[19]. Estes dados, após

19. No Brasil observamos a constituição de um rico campo de investigações tecnopolíticas, procurando abarcar tanto as dimensões sociopolíticas, econômicas e culturais que atravessavam a criação e a gênese tecnológica, como também os aspectos relacionados às transformações

organizados, vieram a compor um "diário de acontecimentos" que nos possibilitou formular uma linha histórica do tempo com uma cronologia dos eventos e acontecimentos significativos das ações em foco, ressaltando que se entende por acontecimento, nos termos de Badiou (1995), aquilo que nos obriga a um novo modo de ser, imprevisível, novo; os acontecimentos podem demarcar novas possibilidades no horizonte político. Os acontecimentos são pontos relevantes, porque demarcam pontos de inflexão numa determinada trajetória de fatos e eventos.

O método de investigação e análise resultou na construção de uma linha histórica do tempo segundo a sequência dos acontecimentos registrados no diário, articulando-os duplamente: primeiro, internamente – o registro em si com a trajetória de eventos e pertencimentos anteriores àquele do acontecimento. Em segundo lugar, contextualizando o acontecimento externamente, buscando o enquadramento dos repertórios ao posicionar aquele fato no contexto histórico no qual estava inserido, naquele momento, e articulando os projetos e cultura política daqueles atores em cena, com outros projetos e culturas políticas existentes. O resultado foi a construção de uma cronologia de eventos e acontecimentos que nos possi-

---

da vida social, política, econômica e cultural decorrentes dos novos modos de composição e associação com as tecnologias. Nesse período, acompanhamos a elaboração legislativa sobre os principais marcos regulatórios da internet e das tecnologias digitais no Brasil, bem como as transformações regulatórias sobre direitos civis e econômicos, entre outros (Parra, 2023).

bilita analisar o caráter e a natureza das ações desenvolvidas, assim como suas diferenciações e singularidades. Tarrow (2005) diz algo similar quando fala dos encaixes nos tempos internos e externos. Mas creio que é algo maior que um encaixe, porque este termo, *encaixe*, pode soar como algo mecânico. Há força político-organizacional de ambos os lados e é da articulação dessas forças que se pode vir a ter poder ou enfraquecimento. As lógicas da ação coletiva que esses momentos produzem são distintas; a interna tem o tempo e os territórios dos atores como fundamentais; a lógica da ação externa advém de uma multiplicidade de fatores, inclusive da burocracia estatal, com seus prazos e procedimentos. No caso dos indígenas, pode-se citar a repercussão interna e externa de suas denúncias. A participação de atores não indígenas, como ONGs, parlamentares, indivíduos "celebridades" que assumiram publicamente a defesa dos indígenas, é parte constitutiva do processo de uma dada luta. O protagonismo indígena nessa resistência articulada se constrói em meio a esse processo de relações internas e externas.

O fato de olhar as ações dos sujeitos em cena em dupla perspectiva nos possibilita apreender, no plano interno, as identidades e identificações, os vínculos e os compartilhamentos, na linha de Melucci (1980). Mas chamamos atenção para o plano externo, as relações e toda exterioridade que este olhar comporta, indo na direção do que Diani e Bison (2010) chamam de coalizão. Registre-se que o conceito de movimento social formulado por

Diani na década de 1990 nos auxilia. Ele os define como "redes de interação informal entre uma pluralidade de indivíduos, grupos e/ou organizações, engajados em conflitos políticos e/ou culturais, com base em identidades coletivas partilhadas" (Diani, 1992, p. 3). Se atentarmos para os aspectos principais que ele assinala nas ações de um movimento, teremos indicadores de como apreender seus componentes, a saber: 1) redes informais de interação; 2) crenças compartilhadas e solidariedade; 3) uma ação coletiva em assuntos conflituosos; e 4) uma ação que se manifesta amplamente fora da esfera institucional e dos procedimentos rotineiros da vida social. Em outra publicação de Diani (2003), ele oferece suporte teórico mais detalhado sobre como se formam as redes intraorganizacionais e suas repercussões no que se refere à construção de alianças, à troca de informações, ao compartilhamento de recursos e ao pertencimento múltiplo de membros.

Ou seja – quer sejam destacadas as formas das ações coletivas nos repertórios (protestos e outros) ou as características dos atores e ainda as propriedades estruturais do conflito presente nas demandas, a interação entre redes interpessoais e intraorganizacionais ocorre tanto no interior de um movimento como no exterior dele, gerando muitas vezes um caráter de anti-institucionalidade ou de compartilhamento institucional. No caso do movimento dos indígenas, estes fatos são marcantes. Pelo modo e visão de mundo que organizam suas vidas, configurando uma cosmovisão, o anti-institucionalismo é bem forte internamente. Mas para atingirem seus objetivos de resistência e resiliência às investidas contra seus direitos – já adquiridos ou a alcançar ainda –, a questão da relação com as instituições públicas, com os poderes instituídos, particularmente o Poder Judiciário, é estratégica e crucial.

Para os indígenas não se trata de lutar apenas pela terra em um dado território, mas lutar pela sua existência, sua cultura, sua civilização, seus lugares de ancestralidade, lugares onde foram enterrados seus entes, onde habitam os "deuses" de suas crenças. Para muitas nações de povos indígenas, a água é elemento muito importante, porque garante a vida num dado território. O tempo, para eles, é circular e holístico (Munduruku, 2012). Por isso denomino as lutas dos povos indígenas como "resistir para existir". Os indígenas têm na terra e na floresta a base de sua existência e reprodução; eles buscam resistir para existir contra a expropriação e a violência por meio da auto-organização em movimentos sociais que visam constituir uma nova territorialidade (Becker, 2013). A resistência pode acontecer de diversas formas. Resistir é um processo material, com indígenas lutando para retomar o controle de suas terras. E é também um processo social, por meio do diálogo e do apoio mútuo, em questões cotidianas ou questões que envolvem o campo jurídico, dos direitos.

Sobre o conceito de "território" para o entendimento das concepções dos indígenas, sigo Ceceña (2022), que diz:

> O território está longe de ser um pedaço de terra. Não é um objeto, não é uma figura estática nem uma dimensão física. O território não é, ele se faz. É uma criação, um constructo, tem um sentido profundamente político. Compreende dimensões físicas, bem como outras intangíveis derivadas da experiência, da percepção, do quotidiano e das longas e curtas histórias de grupos sociais e da humanidade em seu conjunto. O território é criado na prática, e é desenhado na profundidade do senso comum forjado coletivamente, e se configura levando em conta as múltiplas interações entre seus componentes. O território não é apenas desenhado e traçado, ele convive, e é o resultado de relações intersubjetivas de diferentes níveis e características que o moldam e, ao passo que transcorre esse processo, transformam-se a si mesmas. A territorialidade é feita a partir da interação entre territórios cognitivos, biológicos e físicos. O território é um feito político. É a expressão concreta, física e simbólica das diferentes experiências de vida em sociedade (Ceceña, 2022, p. 241).

Na análise dos dados a partir de fontes primárias advindas dos próprios indígenas destaco o número de lideranças indígenas que transformaram suas experiências em potentes falas escritas e análises, tornando-se referências internacionais na área, a exemplo de Davi Kopenawa (Kopenawa; Bruce, 2015), Ailton Krenak (2000, 2019, 2020a, 2020b), Eliana Potiguara (2019) e Marcos Terena (Terena; Feijó, 2002). Indígenas jovens adentraram a universidade, fizeram teses e dissertações e se tornaram referências e/ou lideranças políticas do movimento e de suas organizações, a exemplo de Munduruku (2012), Sales (2006), Deparis (2007), além de termos teses de não indígenas, como Matos (2006), Ascenso (2021), Santos (2023) e outros. É interessante observar o número de estudos acadêmicos recentes nas áreas do direito (envolvendo questões de demarcações) e na área da educação (educação escolar indígena etc.), assim como o número de lideranças jovens indígenas que chegaram aos bancos universitários nos últimos anos, também nas áreas do direito e da educação.

Não podemos encerrar a citação das fontes sem citar Maria Lucrécia Eunice Facciolla Paiva, conhecida no Brasil e no exterior a partir de 2024 como Eunice Paiva, por ter tido sua história narrada no filme *Ainda estou aqui,* laureado com muitos prêmios internacionais, inclusive o Oscar de Melhor Filme Estrangeiro. Baseado no livro de Marcelo Rubens Paiva (2015), de título homônimo, o filme narra a história de sua mãe, Eunice Paiva, esposa de Rubens Beyrodt Paiva, perseguido, preso e morto pela ditadura militar no Brasil no início da década de 1970. Além de lutar por justiça pelo assassinato do marido, Rubens Paiva, Eunice tem um papel de destaque na causa indígena. Após a morte do marido formou-se em advocacia e foi ativista dos direitos humanos, defensora das causas indígenas, representante dos povos originários em inúmeros fóruns e organismos, nacionais e internacionais por décadas.

> Dois anos depois de Rubens Paiva ter desaparecido nos porões do DOI-Codi, no Rio de Janeiro, Eunice voltou para São Paulo com a família e entrou na Faculdade de Direito. Os estudos lhe deram mais ferramentas para buscar justiça para o seu e para outros casos de desaparecidos políticos, lutar pela redemocratização do país e entrar na causa indígena (Seta, 2024, p. 2).

Em julho de 1984, Eunice representou o Brasil no Congresso Mundial das Populações Nativas, em Estrasburgo, na França. "Ela passou a assessorar o Banco Mundial. Ficou amiga de antropólogos, especialistas em meio ambiente, em energia", conta o filho, Marcelo Rubens Paiva. "Passou a falar não mais como a viúva de Rubens Paiva, representante de familiares de desaparecidos, mas como autoridade em direito indígena representante do Banco Mundial". Marcelo diz que, para sua mãe, "a luta era a mesma" do que a encarnada na questão dos desaparecidos políticos, torturados e mortos pela ditadura. "Se não conseguiu salvar o marido e tantos outros, tentaria salvar os índios, numa ditadura enfraquecida, com uma sociedade civil mais organizada e a imprensa livre". Lembrando que Eunice se tornou símbolo das campanhas pela abertura de arquivos sobre as vítimas do regime militar. Foi uma das principais forças de pressão que levou à promulgação da Lei 9.140/95 que reconhece como mortas as pessoas desaparecidas em razão da participação em atividades políticas durante a ditadura militar. Em 1996, ela conseguiu que o Estado brasileiro emitisse oficialmente o atestado de óbito de Rubens Paiva, no qual constava apenas que ele tinha desaparecido em 1971[20]. Quarenta e um anos depois, em 2012, foi encontrada uma prova objetiva do assassinato: uma ficha que confirmava que ele deu entrada em uma unidade do DOI-Codi, em 1971. Em 9 de janeiro de 2025, após toda a repercussão e premiação internacional do filme *Ainda estou aqui*, foi criado o Prêmio Eunice Paiva para homenagear brasileiros(as) que lutaram pela democracia.

Segundo Krenak:

> Eunice é de uma expressão tão grande que é impossível contar a história do movimento indígena nos anos de 1970 e 1980 sem fazer referência à contribuição dela, tanto do ponto de vista jurídico quanto do ponto de vista humanitário, afirmou o líder, ativista e escritor Ailton Krenak em entrevista à CBN.
>
> [...]
>
> Quando você vê alguém falando que o Ministério Público denunciou, entrou com ação, fez não sei o quê, a Eunice Paiva já fazia isso antes de o Ministério Público existir (Seta, 2024, p. 1, 4).

20. Em 23 de janeiro de 2025 foi retificada a certidão de óbito de Rubens Paiva constando que ele teve "morte não natural, violenta; causada pelo Estado brasileiro no contexto da perseguição sistemática identificada como dissidente política do regime ditatorial instaurado em 1964". [...] A mudança atende a uma determinação do Conselho Nacional de Justiça (CNJ). [...] "É um acerto de contas legítimo com o passado", disse na época o presidente do Supremo Tribunal Federal (STF) (*Folha de S. Paulo*, 25 jan. 2025, p. A11).

Em 1987, em parceria com outros ativistas, Eunice Paiva fundou o Instituto de Antropologia e Meio Ambiente, ONG que funcionou até 2001 na defesa e autonomia dos povos indígenas. Também foi ativa participante de outras organizações civis, como a Mata Virgem e a Fundação Pró-Índio. Em uma disputa que se arrastou por anos ela atuou para que a Companhia Vale do Rio Doce indenizasse as comunidades nativas em cujas terras foram construídas uma ferrovia, a Estrada de Ferro Carajás, entre Pará e Maranhão. Ela advogou em vários outros processos de contendas fundiárias – como ressalta o historiador Carlos Tubiliano (Veiga, 2025).

Antecedentes: a luta dos povos indígenas até a Constituição de 1988

A luta dos povos indígenas no Brasil, enquanto movimento social estruturado e com voz na cena pública, nos moldes que se apresenta na atualidade, estruturou-se após 1970; mas, do ponto de vista jurídico, tem mais de um século. Bicalho (2019) nos lembra que o Código Civil de 1916 incluiu os indígenas no grupo de pessoas com "incapacidade civil relativa" e acrescenta: "Os silvícolas ficarão sujeitos ao regime tutelar, estabelecido em leis e regulamentos especiais, o qual cessará à medida que se forem adaptando à civilização do país". Entretanto, a Constituição de 1988 questionou o sentido da tutela e reconheceu aos índios o direito de se organizarem e conduzirem suas reivindicações de maneira direta, sem a intervenção do Estado, o que, na prática, tem sido conquistado gradualmente, com o Novo Código Civil – Lei n. 10.406 de 10 de janeiro de 2002.

Ailton Krenak, em entrevista para Sergio Cohn, disse:

> Quando o Brasil descobriu que podia se destruir do ponto de vista ambiental, porque o Brasil vira um canteiro de Transamazônica, de Perimetral Norte [...]. Aquela imensa tragédia que estava anunciada para a cabeça dos índios em todos os cantos da Bacia Amazônica provocou um despertar de índios que ainda estavam acendendo fogo com palito, girando vareta na mão, e índios que estavam fazendo curso universitário em Brasília, bolsa de estudos da Funai, ou que estavam com algum contato privilegiado com informação sobre os brancos, sobre os instrumentos dos brancos, governança e tudo. E eu me juntei com essa geração, a primeira geração de índios que estavam sendo expulsos das suas origens para uma espécie de convergência não programada de ideias. Foi isso que permitiu que um menino Xavante, outro Bororo, Guarani ou Kaingang, uns com alguma diferença de seis anos, dez anos um do outro, mas todos com experiências próximas, começassem a cerrar fileiras numa frente que a gente chamava de movimento indígena (Krenak, 2015, p. 242-243).

Bicalho (2019) afirma que o processo histórico de surgimento, estruturação e organização do movimento indígena no Brasil foi marcado por cinco acontecimentos que delinearam o protagonismo indígena na luta por direitos específicos: as assembleias indígenas; o decreto de emancipação de 1978, a Assembleia Nacional Constituinte de 1987/Constituição de 1988, as comemorações dos 500 anos do Brasil e o Abril Indígena/Acampamento Terra Livre, já no século XXI. Diz a autora:

> Entre os anos de 1978 e 1980 as lutas contra os projetos do regime militar de emancipação compulsória dos índios, e de definição de "critérios de identidade étnica", acabaram representando um marco histórico no processo de articulação entre o recém-formado movimento indígena e as forças progressistas de apoio à causa indígena (Bicalho, 2019, p. 145).

Importante registrar também a contribuição de Eunice Paiva neste período pré-constituinte. Em plena ditadura militar, Eunice participou da Comissão Pró-Índio de São Paulo, grupo fundado por antropólogos em 1978 como reação à tentativa do governo militar de alterar a lei para separar os indígenas em dois grupos: aqueles que seguiam suas "tradições" e, portanto, ainda precisavam ser "tutelados" pelo Estado; e aqueles que tinham se "emancipado" por terem se "aculturado". Em 1986, Eunice escreveu um parecer fundamental para a demarcação da Terra Indígena Zoró, reconhecida no ano seguinte. Contatados oficialmente em 1977, os Zoró viram sua população se reduzir drasticamente após uma série de surtos epidêmicos trazidos pelos invasores que seguiam o asfaltamento da BR-364 (entre Cuiabá e Porto Velho). No livro *O Estado contra o índio*, publicado em 1985, escrito com a antropóloga Carmen Junqueira, Eunice lembra que o Estatuto do Índio, de 1973, havia dado cinco anos para a Funai demarcar todas as terras indígenas. O prazo havia se esgotado sem que as áreas demarcadas atingissem um terço do total. Disse ela durante uma reunião da Comissão Pró-Índio, em 1986:

> Parece-me que o problema da terra, no Brasil, hoje, é um problema crucial. Observamos uma verdadeira corrida para o Oeste, no sentido da ocupação do território, estimulada, inclusive, pelo próprio governo, no sentido da defesa desses territórios contra eventuais invasores estrangeiros. Enfim, essas coisas que os militares muito enfatizaram (Seta, 2024, p. 5).

Na opinião do indígena e pedagogo Alberto Terena, coordenador-executivo da Articulação dos Povos Indígenas Brasileiros, um aspecto importante do ativismo de Eunice foi associar "a violência ocorrida durante a ditadura militar" à questão da defesa dos povos originários. Um exemplo visível foi o fato de que a política do regime incluiu a construção de grandes rodovias rasgando territórios próximos aos ocupados pelos indígenas. "Foi um dos motivos maiores do massacre de nossos povos" (Veiga, 2025).

Diante do exposto, pode-se notar que os interesses reais do governo militar na época, ao propor um projeto de emancipação, não era favorecer os indígenas, mas sim seus próprios anseios de desenvolvimento econômico a todo custo. Munduruku (2012, p. 195) destacou esta conclusão ao dizer que

> o movimento indígena surge como uma resposta dos povos indígenas à lógica da destruição orquestrada pelo governo militar e que respondia a uma exigência do modelo econômico vigente, que tinha como base o desenvolvimento a todo custo. O enfrentamento que foi proposto passava por um sonho de autonomia, de autossustentabilidade, de autogoverno. E para que este sonho minimamente se conformasse foi necessário o domínio dos instrumentais próprios do Ocidente, que foram trazidos, em grande maioria, pela escola e pelas instituições religiosas – aparelhos ideológicos do Estado – cada vez mais presentes nas aldeias indígenas brasileiras.

E completa, falando sobre o caráter educativo do movimento indígena brasileiro:

> Talvez a maior contribuição que o Movimento Indígena ofereceu à sociedade brasileira foi a de revelar – e, portanto, denunciar – a existência da diversidade cultural e linguística. O que antes era visto apenas como uma presença genérica passou a ser encarado como um fato, obrigando a política oficial a reconhecer os diferentes povos como experiências coletivas e como frontalmente diferentes da concepção de unidade nacional (Munduruku, 2012, p. 222).

A luta dos povos indígenas na Constituição de 1988: atores e ênfase nos debates

Na Constituição de 1988, os direitos dos índios estão expressos em capítulos específicos (231 e 232, Título VIII, Da Ordem Social, Capítulo VIII, Dos Índios) com preceitos que asseguram o reconhecimento à organização social, aos costumes, às línguas, crenças e tradições, além do direito às terras que tradicionalmente ocupavam. Estes capítulos passaram a ser denominados "capítulos dos índios" e os dispositivos constitucionais passaram a garantir, na lei, os direitos indígenas a suas culturas autóctones e suas terras, retirando-os da condição de tutelados para ser indígenas (Lacerda, 2008). Para Manuela Carneiro da Cunha, o trabalho realizado pela Comissão Pró-Índio deixou um "enorme legado" para a pesquisa acadêmica e para a formulação jurídica dos artigos da Constituição de 1988 – como o revolucionário texto do artigo 231, que sacramentou o conceito de "direito originário", recuperado pelo trabalho do grupo. A Comissão Pró-Índio de São Paulo era justamente uma entidade a que os indígenas podiam recorrer, uma organização "para-raios" de conflitos, como define Márcio Santilli, fundador do Instituto Socioambiental (ISA) e presidente da Funai entre 1995 e 1996. Ele afirma:

> Indígenas que sofriam processos complicados de violência, tomada de terras, recorriam à Comissão [Pró-Índio] para ter algum tipo de apoio, nem que fosse no plano da denúncia desses fatos. Era um período em que havia pouca gente com formação que pudesse ajudar.

Os advogados que atuavam na Comissão Pró-Índio foram importantes também em uma das grandes batalhas da Constituinte: o debate sobre mineração em terras indígenas. Segundo Ailton Krenak, advogados como

Eunice Paiva, Dalmo Dallari e Carlos Marés aconselharam as lideranças envolvidas nas discussões a impedir a autorização ao garimpo no texto constitucional. Eunice já conhecia o problema por sua atuação como advogada da Comissão pela Criação do Parque Yanomami (CCPY), área invadida por milhares de garimpeiros no final da década de 1980, estimulados pelas seguidas investidas do governo e de parlamentares para autorizar a exploração de cassiterita na região. O chamado "ouro negro", usado na fabricação de vidros e de latas e, atualmente, até de telas de celulares, ainda hoje é extraído ilegalmente da Terra Indígena Yanomami (Seta, 2024).

A fase pré-constituinte foi fundamental para a conquista de um capítulo específico na Constituição de 1988. Grupos de povos indígenas do Brasil acamparam em Brasília, foram ao Congresso e pressionaram, especialmente no auditório Nereu Ramos, onde realizavam seus rituais culturais. A primeira proposta constitucional sobre os direitos indígenas foi construída basicamente pela União das Nações Indígenas (UNI) com o apoio da Comissão Pró-Índio de São Paulo, da Associação Brasileira de Antropologia (ABA), da Coordenação Nacional dos Geólogos (Conage), da Sociedade Brasileira para o Progresso da Ciência (SBPC), do Conselho Indigenista Missionário (Cimi), do Centro Ecumênico de Documentação e Informação (Cedi) e de mais 11 organizações de apoio aos índios (Belleau, 2014). Havia muitos aliados e apoiadores, além da defesa de alguns parlamentares e representantes de suas organizações. Além de preparar o caldo jurídico para a Constituinte, a Comissão Pró-Índio de São Paulo também teve um papel relevante ao reunir líderes indígenas que se tornaram referências para o movimento indígena, como o próprio Krenak, Raoni, Marcos Terena, Álvaro Tukano, entre outros.

Segundo José Carlos Saboia (PMDB-MA), deputado constituinte,

> a presença marcante e o discurso de Ailton Krenak na tribuna do Plenário da Constituinte criaram um espaço de "soberania" do índio como interlocutor legítimo na transformação do Estado no Brasil. O índio tornou-se seu Constituinte (ISA, 2017).

Ainda segundo Saboia, os capítulos referentes aos indígenas foram

> aprovados com a condição básica de se negar o conceito de nação indígena defendido pelos índios, por várias instituições e constituintes que os apoiavam. O conceito de nação agredia a concepção dos órgãos de segurança nacional e os interesses estratégicos das grandes empresas mineradoras. Os constituintes decidiram que as terras ocupadas pelos índios se destinam a sua posse permanente, quer sejam demarcadas ou não (ISA, 2017).

Fábio Feldmann (PMDB-SP), também deputado constituinte, nos apresenta alguns elementos novos e diferentes sobre a participação dos indígenas na fase da elaboração da Constituição e os resultados alcançados. Diz ele:

> O movimento indigenista se organizou muito bem para esse embate. Houve uma grande mobilização, uma grande organização, [...] A grande discussão era aculturados ou não aculturados, porque isso resolveria essa questão. O que eles diziam é o seguinte: o índio, quando ele fica aculturado, alguma coisa absolutamente gelatinosa, ele perderia seus direitos enquanto indígena. Isso foi muito forte, foi defendido pelos militares. Era posição dos militares. É maluco você dizer o que é um índio aculturado. O índio que usa a roupa de branco é aculturado? O índio que usa computador? É uma forma muito maliciosa. Isso era para permitir constitucionalmente a retirada dos direitos indígenas. O entendimento de que as Terras Indígenas só poderiam ser demarcadas se estivessem ocupadas pelos índios na data da promulgação da Constituição não é um preceito constitucional, então? (ISA, 2017).

O ex-deputado constituinte Luiz Carlos Seixas (PMDB-DF) acrescenta ao acervo de memórias resgatadas pelo ISA dois pontos que chamaram atenção.

> O primeiro foi a necessidade de reconhecimento e demarcação de seus territórios. Essa era uma condição imprescindível e provocou, por sua própria complexidade, debates acirrados, pois ameaçava interesses de madeireiros, mineradores, agricultores situados em terra indígena. A Constituição não estabeleceu propriedade indígena, mas reconheceu-lhes a posse, preservando os interesses da União de forma compatível com os interesses indígenas. O segundo aspecto que, de memória, guardo, foi a luta indígena

> pela preservação, valorização e reconhecimento de sua identidade. A ideologia dominante à época pensava na perspectiva de integração do indígena, de sua assimilação pela sociedade branca. Na Constituinte surgiu o orgulho indígena reivindicando seu reconhecimento. Daí, além da questão da terra, os indígenas lutaram e conseguiram o ensino em língua própria, o resgate educacional de sua história e a valorização efetiva de seus usos e costumes (ISA, 2017).

Registra-se, novamente, o protagonismo das mulheres no período da Constituinte e da elaboração da Constituição. As primeiras pautas e reivindicações dos grupos organizados de mulheres diziam respeito à luta pela garantia de direitos básicos fundamentais, demandas como saúde, alimentação, educação e segurança. Dois exemplos dessa luta são, entre os anos de 1980 e 1990, o Movimento pela Sobrevivência da Transamazônica (MPST) e o Movimento pelo Desenvolvimento da Transamazônica e Xingu (MDTX) (Milhomens; Gohn, 2023; Paiva, A. M., 2010). Relembro novamente a participação de Eunice Paiva nas décadas de 1970 e 1980. Em 1987, Eunice foi uma das fundadoras do Instituto de Antropologia e Meio Ambiente (Iamá), organização não governamental que colaborou para a criação de vários projetos de saúde, educação e política para povos indígenas, na qual atuou até 2001. Segundo Manuela Carneiro da Cunha[21], grande especialista da questão indígena nas ciências sociais,

21. Manuela foi retratada no filme *Ainda estou aqui* ao lado de Eunice Paiva em uma cena de uma aula ministrada por elas na Facul-

> o ordenamento jurídico do país considerava os indígenas como "relativamente capazes" (mesmo *status* das mulheres casadas). Assim, eles não podiam fazer negócios, celebrar contratos e entrar com ações judiciais, prerrogativas reservadas ao "tutor" – representado, primeiro, pelo Serviço de Proteção ao Índio (SPI) e, depois, pela Fundação Nacional do Índio (Funai), criada em 1967.

Só que a própria Funai, militarizada, era "o inimigo dos indígenas", explica Carneiro da Cunha. Em 1983, Eunice Paiva e Manuela Carneiro Cunha assinaram um artigo no jornal *Folha de S. Paulo* denunciando como a Funai havia agravado o conflito fundiário enfrentado pelos Pataxó do sul da Bahia. Pressionado pelo governo estadual, o órgão que deveria defender os indígenas atuou para remover e dividir a população, deixando-a exposta à violência da Polícia Militar e de fazendeiros. Isso fazia com que, na realidade, eles não tivessem acesso à justiça de forma autônoma.

O movimento dos povos indígenas entre 2020 e 2022

A luta por direitos dos povos originários na década de 2020 coloca em evidência os interesses econômicos de agentes externos que se apropriam e exploram as áreas indígenas e são protegidos por alianças com grupos políticos com representação no Congresso Nacional – as tais

---

dade de Direito da Universidade de São Paulo.

bancadas BBB (Boi, Bala e Bíblia), nos dizeres da mídia. A questão é complexa e envolve inúmeros atores, interesses e problemas, incluindo os garimpos ilegais, organizados em cooperativas e mecanizados (não mais o garimpo de indivíduos do passado, da Serra Pelada), as modernas mineradoras – voltadas para extração de cerca de sessenta minerais, com destaque para o ouro; e os interesses do agronegócio e sua "fome" pela contínua expansão e ocupação de terras para criação de gado ou cultivo de soja e milho para exportação. Resulta a apropriação fundiária ilegal de terras indígenas. Lembrando ainda que as terras indígenas, especialmente na Amazônia, são fundamentais para conter o desmatamento. Em 2020, a pandemia fez aflorar também a desigualdade étnica e a falta de políticas ou atendimento emergencial aos povos indígenas no Brasil, especialmente nas terras indígenas isoladas, onde falta proteção sanitária. O Poder Judiciário foi acionado por movimentos e ONGs de apoio aos movimentos dos povos indígenas, após a Articulação dos Povos Indígenas do Brasil (Apib) registrar, em julho de 2020, 19,7 mil casos de infectados e 590 óbitos pela covid-19 em 31 terras de indígenas.

O Censo Demográfico de 2022 registrou que mais da metade da população indígena está localizada na Amazônia Legal, composta por 772 municípios de estados das regiões Norte, Nordeste (Maranhão) e Centro-Oeste (Mato Grosso). A região abrigava 867,9 mil indígenas, o equivalente a 51,2% do total no país (quase 1,7 milhão). Amazonas e Bahia concentravam 42,5% do total dos indígenas e eram também os maiores estados em termos de conflitos com os povos originários.

As queimadas na Amazônia deram visibilidade a vários povos indígenas que vivem na região, assim como ao protagonismo de mulheres indígenas. No Alto do Rio Tapajós, no Pará, por exemplo, as mulheres estão na linha de frente da defesa do território de 2,7 milhões de hectares, onde vivem 13 mil indígenas. Donos de garimpos não indígenas invadiram e vandalizaram, em 25 de março de 2021, a sede da Associação das Mulheres Munduruku Wakoburun, em Jacareaganga, a 1.150km de Belém do Pará. Esta associação tem como uma de suas lideranças Alessandra Korap, que foi homenageada em 2020 com o Prêmio Robert F. Kennedy de Direitos Humanos, nos Estados Unidos. Pesquisa realizada por Lucas Milhomens (2018), orientada por mim, na região da Amazônia concluiu que existe hoje na Amazônia uma rede de movimentos sociais composta por atores locais, regionais, nacionais e internacionais responsáveis pela visibilidade e organicidade de lutas coletivas dessa região tão impactada pelos interesses do modelo capitalista – cf. também artigo assinado por Milhomens e Gohn (2018).

O Marco Temporal

No mês de junho de 2021 ocorreram mobilizações de povos indígenas em atos em Brasília, que se transformaram em acampamentos, frente a julgamentos do Supremo Tribunal Federal sobre ações de reintegração de posse, neste caso, de povos de Santa Catarina e, depois, da Terra Indígena Raposa Serra do Sol e outras. O que estava em pauta teve grande relevância para futuras demarcações, que estavam suspensas desde a posse do ex-Presidente Jair Bolsonaro. O conflito girou em torno dos direitos fundiários dos povos originários. O que estava em questão era o direito dos povos indígenas a suas terras originárias, anterior à constituição do próprio Estado brasileiro, direito já assegurado em legislações desde o período colonial (um alvará de 1º de abril de 1680, decorrente da Lei Imperial n. 601) e, na República, nas Constituições de 1934 e de 1988. Portanto, um direito independente da demarcação, previsto na Constituição de 1988, que estipulava o prazo de cinco anos para a demarcação de todas as terras indígenas.

Ruralistas e defensores da ocupação de territórios indígenas passaram a pressionar para fazer valer o argumento da existência de um Marco Temporal, determinado em 5 de outubro de 1988 pela Constituição. Alegaram que os indígenas que não estavam em suas terras naquela data não teriam mais o direito sobre elas, ainda que elas possam ter pertencido a seus antepassados, com registros antropológicos certificados. Com isso, povos que foram expulsos e tiveram suas terras invadidas não teriam seus direitos restabelecidos, pois as invasões estariam legalizadas na versão da narrativa dos ruralistas e outros. Relatório divulgado em outubro de 2021 pelo Conselho Indigenista Missionário (Cimi), a respeito da situação dos povos indígenas em 2020, na pandemia, registrou que 832 das 1.299 terras indígenas do Brasil (ou seja, 64%) seguiam com pendências para sua regularização. Destas, 536 são reivindicadas pelos povos indígenas.

Paralelamente ao momento político de grande tensão criado pelo Governo Bolsonaro ao redor das comemorações de 7 de setembro de 2021, a luta em defesa dos territórios dos povos indígenas transcorria nos tribunais e nas praças em Brasília. A Articulação Nacional dos Povos Indígenas do Brasil (Apib) mobilizou cerca de seis mil indígenas, reunindo representantes de 176 povos indígenas do Brasil que estavam acampados desde agosto de 2021 a dois quilômetros da Praça dos Três Poderes, no Acampamento Luta pela Vida, para pressionar o STF contra o Projeto de Lei 490, que institui um Marco Temporal para as terras indígenas. Segundo advogados (vários deles são indígenas que tiveram acesso ao Ensino Superior em cursos de direito) e ONGs (nacionais e internacionais), trata-se de um direito originário, anterior à própria constituição do Estado brasileiro, direito independente da demarcação, conforme dito acima.

Segundo o Cimi, há no Brasil 1.298 terras indígenas. Dessas, 829 (63%) apresentam alguma pendência. A "teoria do indigenato" do direito originário e o conceito de terras tradicionalmente ocupadas (o conceito de tradicionalidade – forma como aquele grupo indígena se relaciona com dado território, independentemente de temporalidade) estão na própria Constituição de 1988. O vínculo territorial é muito forte, independentemente de o grupo ser mais fixo ou mais nômade (segundo suas diferentes culturas, pois os povos indígenas brasileiros não são homogêneos) em uma dada região territorial. Setores do governo do ex-Presidente Bolsonaro defendiam a interpretação de que, a partir de 5 de outubro de 1988, data da promulgação da Constituição brasileira, a propriedade das terras é da União e os indígenas só poderiam ter direito sobre terras que já estavam ocupadas até aquela data. Argumentava-se que, sem o Marco Temporal, não haveria agricultura no país.

Os conflitos criaram situações de insegurança nas quais diferentes grupos de indígenas recorreram ao STF, com a ajuda de ONGs, para assegurar seus direitos. Nessa conjuntura, após um ex-ministro ter "recomendado" (em 2020) que deveria se "avançar a boiada", a insegurança culminou com a indicação de um presidente da Fundação Nacional do Índio (Funai) que não defendia os índios, ao contrário: atuava contra os indígenas, segundo brilhante exposição de Manuela Carneiro da Cunha, no 45º Encontro Nacional da Anpocs, em outubro de 2021.

A autodeclaração como instrumento de posse levou à apropriação indevida de áreas dos indígenas por invasores das terras. O julgamento do Marco Temporal foi adiado em 2021 e o acampamento foi desmobilizado (retomaremos o caso Marco Temporal quando da análise dos fatos em 2023). Registre-se ainda que a luta contra o Marco Temporal em 2021 teve, durante o período do acampamento em Brasília, o apoio de vários artistas e personalidades do mundo político-cultural, bem como o apoio do movimento indígena norte-americano de resistência The Red Nation. Um de seus líderes é Nick Estes, da tribo Sioux, que reúne índios das etnias Dakota e Iakota, do centro-oeste dos Estados Unidos, e é também professor da Universidade do Novo México, integrando a delegação da Internacional Progressista (IP). A IP pode ser considerada um movimento societário global e tem reunido, nos últimos anos, experiências de diferentes movimentos, como o BLM (Black Lives Matter) e outros, formando articulações de apoio a várias lutas em diversas partes do globo. A IP conta com o apoio de personalidades do mundo artístico e cultural, como o filósofo camaronês Achile Mbembe, o ator Gael Garcia, a jornalista Naomi Klein, o senador americano Bernie Sanders, o guitarrista Tom Morello e outros.

Em 9 de março de 2022, em Brasília, ocorreu o Ato pela Terra convocado por artistas, em frente ao Congresso Nacional, em protesto contra projetos de lei que desmontam a legislação ambiental, focalizando quatro pautas: terras indígenas, agrotóxicos, grilagem de terras e licenciamento ambiental. Do ato resultou um manifesto assinado por 232 organizações e movimentos socioambientais, que teve o apoio também da Confederação Nacional dos Bispos do Brasil (CNBB). O manifesto foi entregue ao Senado Federal, em sessão dos organizadores com o presidente da casa, Rodrigo Pacheco, e pedia: "Que nenhuma proposta seja colocada em votação até que esteja alinhada com o que diz a ciência, com as demandas e necessidades das populações tradicionais e do campo e à luz da emergência climática que vivemos" (G1, 2022, p. B7).

Registre-se, ainda em 2022, a grande frente de debates e exposição da situação dos povos indígenas feita por Sebastião Salgado, em São Paulo, com a monumental exposição de fotografias "Amazônia", fruto de anos de trabalho do renomado fotógrafo brasileiro, residente atualmente na França. O Brasil deveria ter sido o local de abertura desta exposição mundial, mas, devido à pandemia da covid-19, ela foi adiada e apresentada antes em Londres, Paris e Roma. No Brasil, ela ocorreu na capital paulista, no Serviço Social do Comércio (Sesc), unidade Pompeia, onde ocorreu, concomitantemente à mostra, um ciclo de debates, um ciclo de filmes de cineastas indígenas ou sobre questões de povos originários e um concerto na Sala São Paulo, retomando composições de Villa-Lobos e Philip Glass para a Floresta Amazônica. Todos os eventos comemoraram os 30 anos de homologação da terra indígena yanomami – tema da mesa de abertura dos três eventos. As fotografias da exposição foram também publicadas em caderno especial da *Folha de S. Paulo*. No passado, a fotógrafa Cláudia Adujar marcou história no Brasil com fotografias dos yanomamis, suas lutas e lideranças, como Davi Kapenawa; agora foi a vez de Salgado.

Outras fotos publicadas na mídia sobre povos indígenas durante esse período de conflitos e pandemia emocionaram o país, a exemplo do índio Tawy Zoé carregando seu pai, Wahu Zoé, nas costas pela mata durante seis horas para receber a primeira dose da vacina contra a covid-19 em um posto de saúde. O fato ocorreu em 2021, foi registrado pelo médico Eric Jennings e compartilhado pela Apib (Serra, 2022). Em 2022, segundo o médico, não havia nenhum caso de covid-19 entre a etnia dos Zoé. A respeito da relação dos indígenas com o campo cultural, na atualidade se destacam inúmeros coletivos culturais formados e autogeridos por indígenas e suas diferentes produções culturais (um grande tema para pesquisas).

Mas não apenas personalidades, celebridades e organizações internacionais apoiaram a luta dos povos originários no Brasil. As lideranças locais e o *pool* de entidades de apoio têm recorrido também a órgãos e normatizações internacionais, tais como a Convenção 169 da Organização Internacional do Trabalho (OIT), considerado "o instrumento jurídico internacional mais importante de proteção dos povos indígenas, quilombolas e comunidades tradicionais" (Suruí, 2022, p. A2). Txai Suruí se tornou mundialmente conhecida, durante a 26ª Conferência das Partes da Convenção do Clima (COP-26), quando denunciou a violência contra os povos indígenas. Atualmente, é coordenadora da Associação de Defesa Etnoambiental Kanindé e do Movimento Juventude Indígena de Rondônia, colunista da *Folha de S. Paulo* e coprodutora do documentário Território[22] sobre o povo uru-eu-wau-wau,

---

22. *Território* é um documentário sobre o povo uru-eu-wau-wau, de Rondônia, destacando a indigenista Neidinha Bandeira, mãe de Txai Suruí. O documentário foi produzido por Alex Pritz, cineasta norte-americano. Ele ganhou 16 prêmios internacionais. Foi lançado em

de Rondônia, em 2021. Nos últimos anos, Txai Suruí virou uma das vozes mais respeitadas na geração de jovens ativistas indígenas e tem denunciado o ataque sistemático de desmonte dos direitos indígenas e seus territórios via Poder Legislativo, com o projeto de lei 490/2007, que acaba com a demarcação de terras indígenas, e o projeto de decreto legislativo 177/2021, que ataca diretamente a OIT 169. Registre-se também, dentre as inúmeras novas lideranças indígenas mulheres, Alessandra Munduruku, do povo munduruku que habita tradicionalmente a região do Rio Tapajós, na região oeste do Pará. Em 2023, ela recebeu o Prêmio Goldman Environmental, nos Estados Unidos, considerado o mais importante para ativistas ambientais. Ela foi a segunda mulher brasileira a receber o prêmio. Alessandra mobilizou os movimentos indígenas e conseguiu barrar a entrada de uma mineradora britânica chamada Anglo American, que já possuía aprovação da Agência Nacional de Mineração (ANM) para explorar cobre em territórios indígenas do Mato Grosso e do Pará. Esse movimento foi organizado por entidades que representam as populações indígenas: Apib do Brasil, Coordenação das Organizações Indígenas da Amazônia Brasileira (Coiab) e pela ONG Amazon Watch.

Em 2022 a questão dos indígenas volta às manchetes nacionais e internacionais por causa de um crime – o assassinato de dois defensores dos povos originários da Amazô-

---

setembro de 2022 no Brasil, na Austrália e na Nova Zelândia.

nia: Bruno Pereira, indigenista e colaborador da União dos Povos Indígenas (Univaja), na Amazônia, e Dom Philips, jornalista inglês, no mês de junho, repetindo-se o trágico destino de outras lideranças defensoras dos povos das florestas, como Chico Mendes (1988) e Wilson Pinheiro (1980), no Acre. O Vale do Javari é a terra indígena que concentra o maior número de "povos isolados" no mundo; são 19 em seus 8,5 milhões de hectares. Eles têm extrema vulnerabilidade imunológica contra doenças, especialmente a gripe. E o Vale do Javari, três anos após a morte dos dois indigenistas, continuou abandonado. Segundo dados noticiados pela imprensa, em 2025, 16 pessoas morreram por contaminações entre janeiro e setembro de 2024, sendo que seis eram crianças menores de cinco anos de idade; isso para além da ocorrência de 1.197 casos de gripe (*Folha de S. Paulo*, 7 fev. 2025, p. A32).

Outra área da região, conhecida como Cabeça do Cachorro, na divisa com Colômbia e Venezuela, também é local de conflitos. Lá vivem 750 comunidades indígenas de 23 etnias em nove terras indígenas. A região está em luta em defesa de seus territórios e suas organizações contestam na justiça as atividades da Agência Nacional de Mineração (ANM), que promulgou requerimentos permitindo a exploração do ouro em terras do médio e alto Rio Negro. É interessante observar que há conflitos de interpretação das leis também entre órgãos federais. A Justiça Federal no Amazonas determinou a invalidação de processos da ANM diante da ilegalidade de exploração de ouro e outros minérios em áreas de terras indígenas. A Constituição diz que uma lei deve prever as "condições específicas" para pesquisa e lavras nesses territórios, mas o Congresso nunca regulamentou. Há um vazio nos sistemas de controle, dando margem para a ilegalidade. Somam-se a esse cenário as queimadas para ampliar área para criação de gado e roubo da madeira. Mas não é só na região da Amazônia que ocorrem conflitos com os indígenas noticiados pela imprensa e denunciados por organizações de defesa dos povos originários ou por comissões de direitos humanos ou pastorais.

Entre 2018 e 2022 aumentou o número de atos de violência contra os indígenas em várias outras regiões no Brasil, como aos Pataxós, na Bahia. Áreas que estavam em processo de demarcação pelo Governo Federal tiveram seus processos paralisados e as populações indígenas estiveram sob ataques de homens armados, segundo denúncias feitas pela Federação Indígena das Nações Pataxó e Tupinambá do Extremo Sul da Bahia. A omissão do Estado brasileiro e do poder público federal transforma o que deveria ser um direito em um caso de polícia, com a Polícia Militar sendo acionada por caciques dos povos indígenas atingidos em busca de alguma proteção e inquéritos sobre mortes, incêndios criminosos, roubos, entre outros crimes. Relatório do Cimi publicado em 2022 diz que, em 2021, o Brasil registrou 305 casos de invasão, exploração ilegal e danos a 226 terras indígenas em 22 estados brasileiros. Foi um recorde, porque representa aumento de 180% em relação a 2018, data do relatório anterior, no início da gestão do Governo Federal de Bolsonaro. O relatório registra também 355 casos de violência contra indígenas, incluídos jovens e crianças, com assassinatos e estupros.

A luta dos indígenas no plano institucional: eleições, representações e novos espaços a partir de 2023

Em 2022 o processo eleitoral brasileiro abarcou a participação de indígenas e chegou a ser noticiado até no exterior. O jornal inglês *The Guardian*[23] publicou:

> À medida que os ataques aos indígenas aumentaram sob Bolsonaro, 181 candidatos que se identificam como indígenas são registrados para participar da eleição. [...] A maioria deles concorrem a deputado estadual ou federal, e muitos estão entrando na política pela primeira vez (Malleret, 2022, p. 1-2, tradução nossa).

Nas eleições de 2018 foram 133 candidatos, segundo o Tribunal Superior Eleitoral (TSE); houve, portanto, um crescimento de 40%, percentual muito maior em relação a 2014, quando houve 85 candidaturas. Antes das eleições de 2022, o "Brasil elegeu apenas dois representantes indígenas para o congresso: Mário Juruna, do povo xavante, em 1982, e Joênia Wapichana, do Estado de Roraima, em

23. MALLERET, C. Record number of Indigenous candidates take part in Brazil elections. *The Guardian*, [*s. l.*], 28 ago. 2022. Disponível em: https://www.theguardian.com/global-development/2022/aug/28/brazil-elections-indigenous-candidates. Acesso em: 21 abr. 2025.

2018" (Malleret, 2022, p. 2, tradução nossa). Lembrando também que Joênia foi a única representante dos indígenas na Câmara dos Deputados no Brasil, no período entre 2018 e 2022, eleita pelo Partido Rede Sustentabilidade de Roraima. Ela foi a segunda representação indígena na história do parlamento federal brasileiro; a outra foi, há 40 anos atrás, o citado cacique Mário Juruna, eleito pelo PDT no Estado do Rio de Janeiro.

Joênia foi a primeira mulher indígena a se tornar advogada no Brasil, em 1977 e, em 2011, obteve o título de mestre pela Universidade do Arizona (EUA). Foi também a primeira mulher indígena a fazer uma sustentação oral no Supremo Tribunal Federal, em 2008, em defesa da demarcação da Terra Indígena Raposa do Sol. É dela também o projeto de lei que alterou a nomenclatura do dia 19 de abril de Dia do Índio para Dia dos Povos Indígenas, sinônimo de *povos originários* (o projeto foi inicialmente vetado pelo Presidente Bolsonaro, mas depois o veto foi derrubado pelo Congresso, em sessão conjunta). Joênia não foi reeleita em 3 de outubro de 2022 devido às cláusulas relativas à proporção votos/partido – ela é do Partido Rede Sustentabilidade de Roraima e recebeu 11 mil votos. Joênia foi indicada, em 2023, para dirigir a Funai no governo do Presidente Lula.

Destacam-se ainda outras lideranças indígenas: Sonia Guajajara, originária da Região Nordeste do país, que já foi candidata a vice-presidente da República em 2018, pelo PSOL, ex-coordenadora da Apib, eleita para o cargo na

Câmara Federal em 2022 e escolhida, em 2023, como ministra do novo ministério criado, o Ministério dos Povos Indígenas; e Célia Xakriaba do PSOL de Minas Gerais. Sonia e Célia, do campo progressista, venceram com agenda antibolsonarista que inclui o combate ao garimpo ilegal, a preservação da cultura dos indígenas e o combate à tese do Marco Temporal de 1988. No campo progressista, foram eleitos também, em outubro de 2022, mais três parlamentares que se autodeclaram indígenas: Wellington Dias (PT-PI) ao Senado e Paulo Guedes (PT-MG) e Juliana Cardoso (PT-SP) para a Câmara Federal. Registre-se, contudo, que não só os progressistas conquistaram vagas nas casas do parlamento brasileiro. Os conservadores também elegeram como deputada federal a indígena Silvia Waiãpi, pelo Partido Liberal (PL) e Hamilton Mourão (Republicanos), vice-presidente da República entre 2018 e 2022, que nas eleições de outubro de 2022 se inscreveu como indígena. Mourão foi eleito para o Senado pelo Rio Grande do Sul.

A representação indígena era uma das preocupações de Eunice Paiva desde a década de 1980. Em 1985 ela apontava como "defeito grave" na concepção da Funai a ausência de indígenas nos quadros do órgão. Quase quarenta anos depois ela provavelmente ficaria satisfeita ao ver Joênia Wapichana na presidência do órgão; além de um movimento indígena fortalecido, representado juridicamente por suas próprias organizações, como a Articulação dos Povos Indígenas do Brasil (Apib). "Tem agora um movimento indígena tanto de mulheres quanto de homens que é nacional, e isso é de extrema importância, afirma Manuela Carneiro da Cunha" (Seta, 2024, p. 6).

O retorno do Marco Temporal em 2023

O Marco Temporal foi novamente pautado na Câmara Federal em maio de 2023 e passou a ser objeto de grande disputa entre diferentes alas daquele espaço legislativo. O projeto foi colocado para votação em regime de urgência. Não detalharei aqui toda a trama que está por trás da tal urgência (o velho jogo político do toma lá dá cá) e da luta política entre conservadores (especialmente a Frente Parlamentar da Agropecuária) e progressistas (frente de apoio ao Governo Lula), além do momento em que tudo isso ocorreu, no qual havia necessidade e urgência de votar e aprovar outras medidas provisórias que estavam com tempo para se esgotar, como a que fez a reformulação da gestão federal e criou inúmeros novos ministérios; havia a estratégia de votar na Câmara o tema antes do dia 7 de junho, marcado pelo STF para julgar o mesmo tema. Às vésperas da votação, a Ministra dos Povos Indígenas, Sonia Guajajara, fez um apelo em redes sociais, organizações e canais de apoio aos movimentos sociais para a assinatura de um abaixo-assinado contra o projeto.

O projeto foi votado no dia 30 de maio de 2023 e aprovado com 283 votos a favor, 155 contra e uma abstenção. Foi uma vitória da bancada ruralista e uma derrota dos indígenas, ambientalistas e do próprio Governo Federal. O texto seguiu para o Senado, dando início a outra longa jornada de lutas. No dia da votação houve manifestações de indígenas em várias regiões no Brasil, com destaque para a que ocorreu perto de São Paulo, com indígenas da aldeia guarani ocupando a Rodovia dos Bandeirantes (uma das principais de acesso à capital paulista). Houve conflitos e bombas de gás jogadas pela polícia.

Segundo o entendimento da Apib, em reportagem publicada na *Folha de S. Paulo*, o projeto:

> também autoriza qualquer pessoa a questionar procedimentos demarcatórios em todas as fases do processo (inclusive os territórios já homologados), flexibiliza a política indigenista do não contato com os povos indígenas em situação de isolamento voluntário e reformula conceitos constitucionais da política indigenista (Gabriel *et al.*, 2023, p. B1).

Já o ISA afirma, na mesma entrevista a Resende e Azevedo, que a proposta é "uma das mais graves ameaças aos povos indígenas do Brasil" e "poderá inviabilizar demarcações de terras indígenas".

Em síntese, a trajetória do movimento dos povos indígenas, no plano institucional, no segundo semestre de 2023, pode ser resumida nas seguintes etapas:

O Supremo Tribunal Federal pautou para 6 de junho de 2023 o exame da matéria, interrompida desde 2021 por um pedido de vista de um dos ministros. Na realidade, o tema retomou as discussões só em setembro de 2023.

Em 21 de setembro o STF derrubou a tese do Marco Temporal, declarando-se pela inconstitucionalidade da matéria.

Em 27 de outubro o Senado aprovou o Projeto do Marco Temporal em votação relâmpago, em regime de urgência, cinco horas depois de ter passado por discussão na Comissão de Constituição e Justiça (CCJ), na qual obteve placar de 16 a 10. A votação final no plenário do Senado foi de 53 votos a favor e 21 contra. O novo texto aprovado, além da tese do Marco Temporal, também cria dispositivos que flexibilizam a exploração de recursos naturais e a realização de empreendimentos dentro de terras indígenas.

Em 20 de outubro de 2023 o Presidente Lula assinou o texto com 34 trechos vetados; o principal ponto, inclusive, o Marco Temporal para demarcação das terras indígenas, foi retirado. Com isso, pela legislação vigente, o projeto seguiu para nova votação na Câmara.

Em 14 de dezembro de 2023 o texto foi analisado e votado na Câmara Federal e os vetos do Presidente Lula, inclusive o que institui a tese do Marco Temporal para demarcação de terras indígenas, foi derrubado. Dessa forma, os trechos vetados pelo presidente foram novamente incorporados à Lei 14.701/23. A votação contra o veto do presidente envolveu 321 votos de deputados na Câmara e de 53 no Senado. A votação a favor da permanência dos vetos do presidente foi de 137 deputados e 19 senadores. A sessão foi acompanhada com protestos do movimento dos indígenas do lado de fora da Câmara Federal. A imprensa foi impedida de entrar no plenário da Câmara. A votação ocorreu dois dias após o fim da Conferência do Clima da ONU (COP-28), ocorrida em Dubai, com a presença de inúmeros dirigentes e autoridades de diversos países, inclusive do Brasil, que levou o Presidente Lula, a Ministra dos Povos Indígenas, Sônia Guajajara, a Ministra do Meio Ambiente, Marina da Silva, entre outras figuras.

A judicialização continuou. Do lado dos povos indígenas, novas pressões para que o STF mantenha o entendimento de setembro de 2023 e volte a derrubar o Marco Temporal. As pressões no sentido de o STF tratar a questão em um Projeto de Emenda Constitucional (PEC) têm sido debatidas por apoiadores das causas dos indígenas, do ponto de vista jurídico, porque a PEC poderia ser vista como inconstitucional, por se tratar de um direito considerado fundamental pela Constituição, que não pode ser limitado porque tem características de cláusula pétrea, ou seja, é uma garantia de existência desses povos.

No início de 2025, representantes dos povos lideranças indígenas fizeram uma avaliação do Governo Lula III no que se refere a suas causas e lutas. Avaliaram que "a primeira metade do Governo Lula (PT) foi um misto de conquistas e frustrações. Por um lado, o país retomou as demarcações de terras e amenizou crises em regiões invadidas pelo crime ambiental" (Neves, 2025, p. 3). Os movimentos pedem, no entanto, que o Executivo se empenhe mais para conter a violência nos territórios e defender direitos dos indígenas no Congresso.

> Houve avanços no combate às invasões de terras indígenas. Por meio de forças-tarefa com órgãos ambientais e policiais, o governo vem retirando garimpeiros, madeireiros e pecuaristas de sete territórios na Amazônia. As medidas atenuaram crises humanitárias, como a do povo Yanomami, mas o governo só tem atuado nas áreas em que foi obrigado por decisões do STF (Supremo Tribunal Federal). Lideranças afirmam que outras regiões também foram invadidas, mas não estão protegidas. É o caso da Terra Indígena Urubu Branco, em Confresa (MT) e outras, e os povos indígenas têm sofrido ataques armados. [...] Os assassinatos cresceram no primeiro ano sob Lula. Segundo o relatório "Violência contra os povos indígenas", publicado anualmente pelo Cimi (Conselho Indigenista Missionário), 208 indígenas foram mortos em 2023, 15% a mais do que no ano anterior. [...] Está faltando mais determinação política ao Executivo para proteger os direitos dos povos indígenas. Sem dúvida, o cenário é diferente do governo anterior, porque existe diálogo e o ambiente é de muito mais respeito (Neves, 2025, p. 4).

Os indígenas tiveram derrotas no Congresso. A principal foi a lei do Marco Temporal. A lei foi aprovada no final de 2023, mesmo após o STF declará-la inconstitucional, e o Senado analisa uma PEC com a mesma tese. Na Câmara, a oposição reuniu assinaturas para pedir uma Comissão Parlamentar de Inquérito (CPI) sobre os processos de uso e demarcação de terras, o que pode ocorrer em 2025.

Segundo notícias divulgadas pelo UOL:

> A lei do Marco Temporal tem atrasado as demarcações. No início de 2024, cinco partidos e a AGU (Advocacia Geral da União) pediram ao STF a derrubada do texto, alegando que ele fere o que o próprio tribunal havia decidido. O Supremo, porém, não invalidou a lei. Em vez disso, abriu uma série de audiências de conciliação, que vão continuar em 2025. A Apib (Articulação dos Povos Indígenas do Brasil), maior entidade indígena do país, se retirou dos debates com o argumento de que direitos assegurados não se negociam. O atraso tem provocado insegurança jurídica e estimulado a violência. Segundo dados da Funai, o Brasil tem hoje 302 territórios indígenas à espera de regularização. São 120 terras que já iniciaram o trâmite de demarcação, outras 153 em estudo e seis que estão sob interdição, por abrigarem povos isolados. Também entram na conta pendências em 23 reservas indígenas – que não são áreas tradicionalmente ocupadas, e sim terras que foram doadas ou vendidas à União para acomodar um grupo específico. Procurada pelo UOL, a pasta afirmou que a medida mostrou "que é possível, por meio do diálogo entre os Três Poderes e as partes interessadas, encontrar soluções para acabar com a paralisia nas demarcações", mas avalia que as demarcações devem seguir "os ritos e o processo administrativo determinado pelo arcabouço legal brasileiro" (Neves, 2025, p. 7).

A agenda contrária aos indígenas deverá retornar ao Congresso. Tramita no Senado uma Proposta de Emenda à Constituição (PEC) para colocar a tese do Marco Temporal no texto constitucional, não apenas na lei, como é hoje. Esse projeto chegou a ser pautado para votação na Comissão de Constituição e Justiça (CCJ) em julho de 2024, mas acabou adiado.

Observa-se que, na trajetória de luta ao redor do tema do Marco Temporal, diferentes visões e projetos políticos e de vida em sociedade. O modelo desenvolvido pelos governos progressistas, a partir da Constituição de 1988, pautou os indígenas e seus direitos e incluiu a questão dos territórios como um direito, deixando em aberto as demarcações e adicionando áreas dos povos originários nos marcos de áreas de preservação. Como o modelo desenvolvimentista neoliberal se alicerça na expansão do capital, na promoção de frentes de geração de emprego e renda e em políticas distributivas, as áreas dos territórios dos indígenas se tornam fonte de cobiça e ocupação ilegal.

A década de 2020 se caracteriza como uma era de crises climáticas, desastres ambientais e debates sobre carbonos, busca de fontes de energia que substituam o petróleo como força motriz, fontes verdes, renováveis etc. Isso provoca uma reviravolta nas lutas dos povos indígenas, colocando-os como sujeitos, não apenas vítimas do modelo existente, como indivíduos relevantes para a solução dos problemas. Por isso a questão do Marco Temporal não envolve apenas uma luta por direitos da ancestralidade, mas uma luta que atinge conflitos da atualidade contra o modelo neoliberal de acumulação e expansão do capital. Não se trata apenas de uma luta pela sobrevivência de formas de vida passada e da memória de antepassados, mas de uma luta de "figuração do futuro", como foi citado antes. Ou seja, uma luta contra as formas de realização do capital na atualidade, mas também uma luta por um novo modelo de vida e vivência em harmonia entre todos os seres vivos, visíveis e invisíveis, como dito antes. Uma cosmopolítica de relação entre todos os seres humanos e todo o restante não humano. Uma luta que define identidades coletivas não na teoria, mas na sua prática de vivência e existência cotidiana e seus ecossistemas. Coloca-se a possibilidade de redefinir a política que caminha para o desastre, para o "fim do mundo", para um cenário de esperança. Tudo isso graças às lutas e resistências daqueles que têm sobrevivido à devastação, ao domínio e à subjugação.

Duas outras questões relevantes estão na pauta das discussões sobre os povos indígenas na atualidade no Brasil, tendo em vista a realização da Conferência do Clima da ONU (COP-30), em Belém do Pará, em novembro de 2025. A primeira se refere à demanda pela copresidência da Conferência, lançada na Conferência das Partes da Convenção sobre Diversidade Biológica (COP-16), realizada pela ONU na Colômbia, em 2024, quando foi lançada a campanha "A resposta somos nós", defendendo que o movimento tem o objetivo de assegurar direitos ambientais e o poder de decisão das comunidades que vivem na floresta e dependem dos recursos naturais. No Brasil, essa pauta é defendida pela Coordenação das Organizações Indígenas da Amazônia Brasileira (Coiab) e pela Apib. A segunda questão diz respeito à exploração de petróleo no bloco 59, na foz do Rio Amazonas, vista como crucial para os interesses da Petrobras, para ampliar suas reservas, aumentando assim a exploração de combustíveis fósseis. Segundo André Borges,

> o Palácio do Planalto tem a expectativa de que o Ibama conceda, ainda no primeiro semestre deste ano (2025), a licença ambiental que autoriza a exploração do petróleo no polêmico bloco 59 da Bacia da Foz do Amazonas, na margem equatorial do país (Borges, 2025, p. A35).

E a Coiab defendeu, no início de 2025, a demarcação urgente das terras indígenas como medida para frear o avanço da extração de combustíveis fósseis e do desmatamento. As cenas para os protestos e conflitos na COP-30 estão dadas.

Os indígenas, especialmente os jovens, estão usando as novas tecnologias da comunicação para defender seus territórios. Conforme noticiado no site Deutsche Welle:

> No coração da Amazônia, em meio à imensidão da floresta, o indígena Rogelino Tukano caminha com um iPad em mãos. Ele une tradição e modernidade. É um observador experiente da densa mata verde e usa a tecnologia para monitorar cada transformação na paisagem, iden-

> tificando clareiras abertas e árvores derrubadas que podem sinalizar ameaças ao ecossistema [...]. O mapeamento digital das mudanças naturais e o controle dos impactos humanos têm se tornado sua arma pacífica para proteger a floresta. Mas o seu olhar vai além: o indígena da etnia tukano também registra a rica biodiversidade local, anotando com precisão as mudanças nos ciclos reprodutivos das plantas e dos animais (Mansani, 2025, p. 1).

Rogelino é um membro da rede dos Agentes Indígenas de Manejo Ambiental (Aimas), que reúne cerca de 70 pesquisadores, todos eles indígenas, que combinam a sabedoria ancestral com a tecnologia contemporânea para preservar e proteger a floresta na região do Alto Rio Negro, no noroeste amazônico; com uso da tecnologia, os Aimas transformam *iPads* e *smartphones* em ferramentas de preservação. Uma vez registrados, os dados obtidos (fotos, tabelas preenchidas com questionários pré-elaborados e descrições em textos) são guardados para serem posteriormente analisados em conjunto com uma equipe de especialistas nos encontros que acontecem três vezes por ano em diferentes aldeias da região. O projeto tem também o registro em diários que permite descrições mais detalhadas do cotidiano, de histórias dos anciões e outras observações que não se encaixam no formato de tabela de um formulário eletrônico. O projeto tem parceria com o ISA e a Federação das Organizações Indígenas do Rio

Negro (Foirn), financiado por ONGs e iniciativas governamentais, como o Fundo Amazônia.

O uso de tecnologias pode ser também um problema para os povos indígenas, levando-os a protestos e manifestações. Por exemplo, indígenas do Acre, do Amazonas, do Pará e do Amapá lograram obter no passado reservas extrativistas como garantia de economia local, sustentando milhares de famílias na floresta. Uma das iniciativas para manter os jovens nestes locais foi lutar por um ensino de qualidade para os atuais jovens e outras gerações que seguirão. O resultado da luta foi a criação do Sistema Modular de Ensino (Some) e o Sistema de Organização Modular de Ensino Indígena (Somei) pelo Estado em aldeias, vilas de ribeirinhos, quilombolas e povos indígenas em geral. Pelo sistema, o Estado paga uma bonificação para que os professores possam ir às comunidades mais distantes. Entretanto, desde 2017, passou a ocorrer alterações no programa e o sistema foi sendo modificado. No Estado do Pará, segundo artigo de Txai Suruí, o Some foi sendo substituído pelo Sistema de Educação Interativo (SEI), no qual o governo entrega computador, uma televisão e acesso à internet para que os alunos possam ter aulas online no modelo ensino de educação a distância (EaD), não mais em aulas presenciais. No final de 2024, a orientação da Secretaria da Educação e da Cultura do Estado do Pará foi aprovada como Lei 10.820, substituindo o Some e o Semei pelo SEI. Os indígenas se organizaram e protestaram, com atos em frente ao palácio do governo, e ocuparam a Secretaria da Educação e da Cultura do Pará, em Belém, pois não aceitavam a substituição de aulas presenciais por aulas online nas aldeias. O conflito se acirrou após reunião com o governador do estado em 28 de janeiro, que acabou sem acordo, então lideranças do movimento indígena ameaçaram que, sem a revogação da lei, a COP-30 não irá acontecer porque aeroportos e ferrovias, por exemplo, serão paralisados (Suruí, 2025). Dia 12 de fevereiro de 2025 a Assembleia Legislativa do Pará aprovou por unanimidade a revogação da Lei 10.820, por meio do Projeto de Lei n. 13/2025, em sessão extra-oficial em Belém com a presença de 31 dos 41 deputados da casa. A decisão foi tomada após acordo com comunidades indígenas, quilombolas e populações tradicionais, e o Sindicato dos Trabalhadores da Educação (Sintepp).

As razões dessa luta e dessa conquista estão em dois pontos: os indígenas querem ter seus próprios fundamentos pedagógicos de uma educação diferenciada; e deve ser diferenciada porque são mais de 50 etnias na região, com línguas diferentes, muitas das quais não entendem o português. A mudança foi considerada violação de direitos da cultura indígena pelas lideranças das comunidades indígenas (Krenak, 2025, p. B13).

A luta dos povos indígenas não se dá apenas para conquistar direitos, mas também para efetivar direitos já conquistados, mas de difícil efetivação, tais como o registro de nascimento de seus filhos. O direito à autoidentificação e autodeclaração dos povos indígenas se encontra consolidado no ordenamento jurídico brasileiro, seja na Constituição Federal ou nos tratados internacionais internalizados no Brasil, embora ainda ocorra resistência na efetivação desses direitos. O Conselho Nacional de Justiça (CNJ) e o Conselho Nacional do Ministério Público (CNMP) dispõem da Resolução Conjunta n. 3, de abril de 2012, para regulamentar o assento de nascimento de indígenas no Brasil, embora necessite de atualização, conforme demanda do Cimi. Além das inúmeras dificuldades sofridas pelos indígenas na luta pelo território e pela sobrevivência, eles também enfrentam outras tantas para o registro civil de seus filhos recém-nascidos no Brasil. Alguns cartórios de registro recusam o nome escolhido pelos genitores ou exigem a apresentação do Registro Administrativo de Nascimento de Indígena (Rani) para comprovação da origem indígena da pessoa (Gomes; Modesto; Nascimento, 2023).

Considerações finais

O movimento dos povos indígenas, na atual conjuntura brasileira, tem desempenhado papel relevante no cenário das lutas de resistência. Lutam para existir, resistem para existir. Nos últimos anos, com o desmatamento recorde na Amazônia e em outras partes do Brasil, os indígenas ganharam projeção na mídia, porque também são alvos desses desmatamentos em seus territórios, envolvendo também a questão do meio ambiente. A Amazônia entra em foco – os interesses econômicos na região, o garimpo ilegal, a extração da madeira, do ouro, das reservas de petróleo etc. Apreende-se na atuação das lideranças indígenas uma abordagem holística, em que os indivíduos que compõem o movimento, a ação etc. são considerados tão importantes quanto o problema demandado porque eles são parte constitutiva dele. Sem a água, eles não sobrevivem, a água contaminada acaba com a pesca e retira seu alimento básico; o desmatamento intoxica, afugenta animais da caça, invade seus territórios de vivência e sobrevivência. Com isso, associações e lideranças indígenas, nacionais e regionais, com apoios de ONGs e lideranças políticas e da sociedade civil, têm tido a capacidade de buscar providências judiciais no país – junto aos Ministérios Públicos estaduais e no STF, assim como no Tribunal Penal Internacional (TPI), por sistemas de controles jurídicos democráticos, que garantam direitos já previstos ou a se adquirir, por vias constitucionais.

A importância dos controles democráticos para implantar ou restaurar direitos, e como isso ocorre, é um processo em que há uma historicidade, como afirma Touraine (1973). O que no passado era visto como "problema de índio" passa a ser um problema para a sobrevivência dos humanos, dos animais e do meio ambiente geral. Sem mobilização, pressão e ações, frutos de um ativismo engajado, com múltiplos atores e apoios na sociedade, a questão dos povos originários fica confinada aos locais onde ocorre e aos arquivos dos registros criminais.

Os povos indígenas se norteiam por paradigmas solidários e harmoniosos com o meio ambiente, com bases fincadas em formas próprias de organização social e respeitam as relações com a natureza, o que contribui para a proteção e o aumento da biodiversidade. Os indígenas têm na terra e na floresta a base de sua existência e reprodução; eles buscam resistir contra a expropriação e a violência. Novamente: resistem para existir por meio da organização em movimentos sociopolíticos e coletivos diferenciados, embasados em outras concepções de mundo, de vida, de espaço, de tempo e de territorialidade. A água não é para eles apenas um recurso, é algo muito maior, ela dá origem à vida, é um elemento vital, fundante. São sujeitos coletivos fundamentais – como bem denominou Krenak no dia em que foi escolhido como membro da Academia Brasileira de Letras (ABL), em 2023.

A luta dos indígenas é uma luta planetária e humanitária, com inúmeras frentes, abrangendo um campo de pesquisa em inúmeras áreas das ciências humanas, assim como outras áreas do conhecimento. Os movimentos dos indígenas buscam apoios institucionais públicos e de organizações não governamentais, especialmente contra interesses econômicos que visam dizimar grupos e nações indígenas. Retomamos aqui as premissas de Diani e Bison (2010) adotadas no referencial teórico desta pesquisa, ao falarem de uma coalisão de interesses e que um movimento se constituiu como "redes de interação informal entre uma pluralidade de indivíduos, grupos e/ou organização engajada em conflitos políticos e/ou culturais, com base em uma identidade coletiva partilhada" (Diani, 1992, p. 3). Neste capítulo, demonstra-se que foi preciso constituir uma coalizão de forças de apoio às lutas dos povos indígenas, alianças identitárias deles, muitas vezes por meio de suas lideranças, com organizações da sociedade civil que, juntas, acionam os poderes públicos, especialmente o Judiciário, como no caso do Marco Temporal. A relação com as instituições públicas, com os poderes instituídos, particularmente o Poder Judiciário, tem sido estratégica e crucial.

Os movimentos dos indígenas formam uma identidade interétnica e configuram uma consciência interétnica. O conflito é a base que move os povos indígenas na luta por seus direitos; o conflito político/cultural existe não apenas entre os indígenas e os interesses econômicos de invasores e seus representantes nas casas legislativas do país, mas no interior do próprio movimento dos indígenas, porque ele não é homogêneo, não é um só movimento; são muitos e plurais, com histórias, trajetórias, valores e costumes culturais e religiosos diversos. Eles formam uma coalizão identitária quando lutam por seus direitos já conquistados e não cumpridos (demarcação de terras), ou ameaçados (Marco Temporal), ou a conquistar (especialmente parte da saúde e sanitarismo), incluindo nesta coalizão diferentes atores nacionais e internacionais, de forma a constituir uma rede, atuando pontualmente e com temporalidade variável, em função do objeto da luta em tela numa sociedade baseada em redes de informação e de comunicação (Castells; Calderon, 2021).

Conforme assinalamos no início deste capítulo, a interação entre redes interpessoais e interorganizacionais ocorre tanto no interior do movimento dos indígenas como externamente ao mesmo, gerando muitas vezes um caráter de anti-institucionalidade – quando se unem entre si, como na Apib ou na Coiab, já citadas, ou com redes internacionais como The Red Nation ou a IP, a Internacional Progressista, movimento societário global – ou de compartilhamento institucional, quando se aliam a representantes eleitos nas câmaras legislativas para a defesa de seus interesses. Nos movimentos dos indígenas, as repercussões das redes interorganizacionais – tratadas por Diani (2003) no que se refere à construção de alianças, à troca de informações, ao compartilhamento de recursos e ao pertencimento múltiplo de membros – se altera conforme o contexto e a conjuntura política do país.

Capítulo 5

Ecos e enigmas de junho de 2013 a decifrar – 12 anos depois

Doze anos após as manifestações de junho de 2013 ainda estamos mapeando e discutindo seus impactos no sistema político, social e cultural, e estamos sob seus efeitos, longe de serem compreendidos em sua totalidade. Elas impactaram a sociedade e a agenda de governantes e, após mais de uma década, ainda são "um enigma a decifrar". Inúmeras questões se colocam, tais como: Quais transformações geraram, quais memórias ficaram registradas, quais são as novidades e novas ações coletivas que foram criadas, que tipo de ativismo esteve presente? Como o poder público interagiu com os jovens após 2013? Como as ruas se transformaram no principal espaço público de participação e protestos? Como o espaço das ruas interagiu com as redes digitais? Como progressivamente as redes sociais se transformaram em novos espaços públicos? Quais narrativas se criaram e o que cada uma delas explicita ou busca ocultar?

A dimensão das manifestações de 2013, quando comparadas a outros movimentos sociais na história recente do Brasil, não deve ser analisada somente pelo fator numérico/quantitativo ao reunirem nas ruas milhares de pessoas, algo não visto no Brasil desde as Diretas Já (1984) ou as passeatas dos caras-pintadas no início dos anos de 1990, época do *impeachment* do ex-Presidente Collor. É relevante observar a dimensão dos protestos em termos de significados para a política, para a sociedade e para as formas de associativismo. Portanto, o mais importante não é focalizar junho de 2013 em si, mas buscar decifrar seu significado e os enigmas daquela época que impactaram o que veio depois, compreendendo por que há uma disputa sobre o seu legado. Refletir e avaliar, a partir de junho de 2013, como foram sendo incorporadas não apenas demandas progressistas contra as desigualdades e pela inclusão social, mas também as demandas conservadoras que se apropriaram da pauta, aproveitando-se da janela de oportunidades que o sistema e a política brasileira ofereciam.

Em 2014 destaquei que havia diferentes denominações sobre os acontecimentos de junho de 2013 como: manifestações, jornadas, levante, revolta, insurreição, atos de protestos, onda, protesto de massa etc. (Gohn, 2014). O que veio a ficar muito claro posteriormente, em 2023, nos debates sobre os dez anos de junho de 2013 é que cada uma dessas denominações advinha de interpretações de grupos político e ideológicos diferentes, com narrativas sobre junho de 2013 muitas vezes até opostas, gerando uma disputa pelo seu significado e legado[24]. Elas vão da exaltação à condenação total, incluindo aqueles que veem como sequência de mobilizações desde 2008 ou a emergência de camadas médias conservadoras insatisfeitas na política ou guerras culturais internacionais etc.

Em 2013 vários pesquisadores do exterior viram as manifestações dos jovens, em junho de 2013 e em diferentes partes do globo, como o renascer do associativismo e da resistência na sociedade civil de uma nova forma, com novos repertórios, grande participação dos jovens, uso intenso das novas tecnologias etc. (Castells, 2013). Segundo Badiou, "foi aberta a 'possibilidade da possibilidade' de uma subsequente ruptura criadora de um desdobramento histórico imprevisto" (Badiou, 2012, p. 28). Perry Anderson elencou três grandes conquistas: o despertar dos jovens, a compreensão do empoderamento social diante do recuo do governo nas tarifas do transporte público e o levantamento da questão da distribuição escandalosamente distorcida das despesas públicas no Brasil (Gohn, 2014).

---

24. Universidades e meios de comunicação realizaram debates, produziram dossiês e vídeos em várias cidades do Brasil em junho de 2023, destacando-se, em São Paulo, na mídia, a *Folha de S. Paulo*, o UOL e a revista *Carta Capital*. Eles produziram extenso e significativo material de entrevistas atuais com pesquisadores, políticos, ativistas que participaram na época e outros personagens, além de terem recuperado imagens e depoimentos da época. Eu dei entrevistas para a *Folha de S. Paulo*, publicada no jornal impresso no dia 17 de junho de 2013, disponível em: https://www1.folha.uol.com.br/poder/2023/06/direita-perdeu-vergonha-apos-2013-que-ainda-e-enigma-a-decifrar-diz-sociologa.

No Brasil, dez anos depois, muitos analistas do campo da esquerda tradicional, que atribuem aos acontecimentos nomes como *jornadas*, viram junho de 2013 como o início das ações da direita e a entrada em cena do ultraconservadorismo que se apropriou de mídias e redes, entrando fortemente no jogo político e elegendo Jair Bolsonaro em 2018, o que promoveu uma desdemocratização do país nos termos analisados por Levitsky e Ziblatt (2018) e Tilly (2013), com desmonte e ataque às instituições públicas. Segundo Nobre (2023), junho de 2013 seria, para estes analistas, o "ovo da serpente" das ações antidemocráticas bolsonaristas. Essas interpretações passaram a ser predominantes numa parcela grande de setores da esquerda, que se recusam a rever (ou reconhecer) erros e problemas nas políticas da época e a necessidade de uma reforma política que contemplasse toda sociedade, especialmente a juventude, que não participava dos canais institucionais participativos e tinha outras formas de se organizar e ver a política. Para os adeptos das teorias conspiratórias, demonizar junho de 2013 serve como justificativa para explicar o que veio depois, para se isentar da incapacidade de diálogo, de articulação política, de olhar de fato o que ocorria na sociedade, de enxergar os jovens da época de forma diferente do padrão do militante partidário. Marcos Nobre sugere que: "Junho pode ser a primeira grande revolta popular na história do Brasil a ser demonizada pela esquerda – pelo menos por uma parte dela – e não apenas pelo conservadorismo da direita de sempre" (Nobre, 2023).

Uma outra corrente interpretativa forte é a das teses conspiracionistas, as guerras híbridas culturais da direita, orquestradas de fora, especialmente dos Estados Unidos. Certamente que a direita já existia e tinha tido ensaios de manifestação com o movimento "Cansei", por exemplo, na década anterior, e já havia organizações internacionais de formação política no Brasil como Instituto Millenium (2005) e o Menos Marx, Mais Mises do Brasil (2007). Mas a grande atuação destas organizações foi pós-2013 (Rocha, 2021).

Há, portanto, um debate e uma disputa política e ideológica sobre as ações de junho de 2013 que penetrou no campo das interpretações ideológicas e teóricas a respeito, e este debate ficou mais claro em 2023, por ocasião dos inúmeros eventos sobre os dez anos de junho de 2013. Um desses eventos, ocorrido na Universidade de São Paulo (USP), denominou-se: "Dez anos depois: defender junho de 2013", denominação aparentemente surreal com o verbo defender, mas visava justamente questionar a "demonização" de junho de 2013 por setores da esquerda tradicional[25]. Parte desse debate foi registrado em publicações recentes sobre junho de 2013, a exemplo de Alonso (2023), Alteman e Carlotto (2023), Andrés (2023), Bosco (2023), Gohn (2024), Marinho (2022), Nobre (2022, 2023), Rocha (2021), Solano,

25. O evento teve apoio de setores da nova esquerda, como o PSOL, o coletivo Juntos!, lideranças que participaram dos atos em 2013, participantes das ocupações das escolas em 2015, que se inspiraram em 2013, representantes do movimento dos autonomistas da atualidade, entre outros.

Rocha e Medeiros (2021), Tavares (2023) etc. Neste capítulo faço breves citações de alguns desses autores

Desde logo, esclareço que eu não compactuo com a tese do "ovo da serpente" e me filio à corrente que viu e vê as manifestações de junho de 2013 como um fenômeno contraditório, diferenciado conforme cada região do Brasil. É um marco importante na cena sociopolítica brasileira de protestos e manifestações públicas no Brasil pelas novas formas de ação, *performances*, estratégias, novos repertórios, novas possibilidades de organização e o uso intenso de novas tecnologias via redes sociais, blogs etc. Junho de 2013 abriu as portas para a expressão de novas formas de sociabilidade, especialmente entre setores dos jovens que eram vozes dissonantes, não ouvidas, tinham outros projetos de vida, negavam o sistema político e econômico instalado no governo do país. Organizaram-se via redes sociais e foram às ruas com demandas não para complementar a democracia participativa institucional, como alguns analistas afirmam. O próprio Governo Federal da época não entendeu essas vozes dissonantes (ou não admitia sua legitimidade), a exemplo dos dizeres de Gilberto Carvalho, então ministro da Secretaria Geral da Presidência da República, que disse que os atos eram "novas formas de organização de mobilização que ainda não compreendemos". Os jovens foram às ruas para gritar: "Eles não nos representam" (cartaz nas ruas), referindo-se a todo sistema político de poder, partidos e governantes do Executivo (não só os partidos, como distorceram alguns). Aliás, os cartazes são a expressão das diferenças e novidades, pelos dizeres e formatos, muitos deles escritos à mão, em papelões etc. Roberto Andrés destaca este aspecto analisando cerca de seis mil cartazes (Andrés, 2023).

Durante o mês de junho, as manifestações tiveram diferentes fases e os participantes foram se ampliando, criando o que Alonso (2023) denominou um mosaico de atores e pautas. No início era uma manifestação dos jovens, liderada pelo Movimento Passe Livre (MPL) e com uma demanda fundamental pelo direito à cidade: a mobilidade urbana e o aumento da tarifa dos transportes urbanos. Depois ampliou-se, progressivamente, para outros direitos previstos na Constituição de 1988 e acrescentou demandas por melhores serviços públicos, saúde, educação etc. O *slogan* "Padrão Fifa" foi adotado para demandar serviços públicos de qualidade, pois protestavam contra os gastos com estádios para a Copa do Mundo de 2014, organizada no Brasil. Também pautas morais foram sendo incorporadas, como aquela contra o projeto do deputado Feliciano sobre a "cura *gay*", contra a PEC 37 etc. A demanda inicial ampliou-se para cinco eixos, segundo vídeo do Anonymous Brasil divulgado no dia 18 de junho nas redes sociais com milhões de visualizações, quando as manifestações já não eram lideradas só pelo MPL. O vídeo do Anonymous clamava para que o Ministério Público Federal tornasse a corrupção um crime hediondo, assim como advogava pelo fim do foro privilegiado para políticos. No dia 20 de junho, quando um milhão de pessoas saiu às ruas em 388 cidades brasileiras, o instituto Ibope fez uma pesquisa de opinião pública que registrou, como demanda principal, o transporte público, mas registrou também, em segundo lugar, demandas contra o sistema político, sobretudo contra a corrupção. A pauta não só ampliou, mas mostrou que estava aberta a porta para as lutas que transcorreram a partir de 2014, apropriadas em grande parte pelos setores à direita.

A mídia tradicional (jornais, TV etc.) teve de se recriar para entender e dar conta do que estava acontecendo em junho de 2013. Foi um fenômeno midiático, mas não criado pela mídia tradicional, como disseram alguns. Ela certamente contribuiu para o gigantismo que as manifestações alcançaram, pois no início denominou os protestantes como de *vândalos*, e quando a polícia os reprimiu fortemente, mudou de posição. Junho de 2013 foi marcante sobretudo na sua composição societária, com a grande participação dos jovens. Este era o fato novo que me despertou mais atenção: o dado geracional, a faixa etária, a idade, não a composição social dos manifestantes. No início, a grande maioria nas ruas era composta por jovens; portanto, o dado da composição socioeconômica, se era camada média ou de trabalhadores, não era o mais relevante. Vários analistas do associativismo neste período, de diferentes correntes teóricas ou ideológicas, também destacam o papel dos jovens e o uso das novas tecnologias, com redes sociais, blogs etc.

As camadas médias, depois da "virada" repressiva, foram às ruas, pois eram setores que estavam abandonados nas políticas públicas, sentindo os efeitos de um modelo econômico que tinha esgotado seu ciclo de crescimento, dificultando a realização de seus sonhos de consumo, projetos e visão de mundo, a exemplo do aumento do custo de vida, do preço dos imóveis, que subiram enormemente nas capitais, levando o sonho da casa própria "para o espaço". Estiveram nas manifestações também o "precariado", especialmente os jovens trabalhadores do setor de serviços, aqueles sem carteira assinada, sem direitos sociais, não sindicalizados etc., como assinalou André Singer na época (Singer, 2013). Muitos sindicatos foram rejeitados inicialmente nas ruas, nas grandes capitais; lembrando também que, em 2013, ocorreram 2.050 greves de trabalhadores, o maior número de greves em um ano! Portanto, não foram ações hegemônicas de camadas médias, nem simples continuidade de manifestações de trabalhadores clássicos, sindicalizados, nem do MST ou do MTST, ou seja, a luta pela moradia como estávamos acostumados a ver nas manifestações nas ruas. Foram manifestações de composição social híbrida, com predomínio dos jovens.

Junho de 2013 também fez parte de um conjunto de outras grandes manifestações de jovens nas ruas, em várias partes do mundo, que entrou para a história como o ativismo dos indignados (Hessel, 2011). Foi um ciclo global de contestação ao autoritarismo no Oriente Médio, passando pelos protestos contra as políticas neoliberais na Grécia, na Espanha, em Portugal e em outros lugares. Ocorreu também o movimento norte-americano Occupy Wall Street e seu apoio e multiplicação em diferentes partes do mundo (Castells, 2013; Della Porta; Diani, 2015; Gohn, 2014). Portanto, o Brasil não pautou o acontecimento, mas agregou especificidades à agenda global de protestos contra governos e suas políticas públicas, com várias diferenças porque aqui não foi uma resposta direta à crise econômica mundial após 2008 e aqui não se lutava contra ditaduras no poder (caso da Primavera Árabe). Certamente que os efeitos das políticas neoliberais já estavam presentes, com o esgotamento do ciclo econômico vigente, baseado na venda de *commodities* etc.

Marcos Nobre analisou junho de 2013 como um grito de rejeição da sociedade a um sistema político que não mais representava suas diferenças, liberando energias represadas, um processo de irrupção democrática. Em livro de 2022, Nobre complementa:

> junho de 2013 é o momento em que ficou claro que não tinha jeito de fazer política do jeito que ela estava sendo feita nos 20 anos anteriores. Ali em 2013 é um sintoma de que a nossa vida tinha mudado; portanto, tinha mudado também nossa relação com a política [...]. 2011-2013 representa o marco de configuração da sociabilidade e, portanto, de novas configurações da política (Nobre, 2022, p. 15).

Em síntese, havia uma crise econômica e uma crise política do modelo de gestão, do regime no poder. Os jovens que saíram às ruas eram antissistema, demandavam outro tipo de composição e partilha do poder, uma gestão para todos(as).

A falta de diálogo entre governo e os ativistas nas ruas é um dos pontos que sobressai nas narrativas diárias da mídia na época, assim como a necessidade de uma reforma política já era preconizada por muitos. Sabe-se que entre 2000 e 2013 ocorreu a criação ou implementação, no Brasil, de novos canais de participação social, geradores de novas formas de sociabilidade e de fazer política – os conselhos, câmaras, fóruns, plenárias etc. que atuam na esfera pública, articulando representantes da sociedade e dos organismos estatais na gestão de bens públicos. Todo este sistema começou a ser questionado a partir de 2013. Em 2013, a maioria dos jovens que saíram às ruas não estava nos movimentos identitários, nem nos populares, nem nos canais institucionais participativos e tinha escassa (ou nenhuma) relação com correntes político-partidárias. Os jovens eram de outra geração. Alguns advindos de coletivos, outros da própria irrupção de junho de 2013 etc. Não eram um bloco homogêneo, as matrizes político-ideológicas deles variavam do campo da centro-esquerda, da esquerda radical e anarquista, aos autonomistas e conservadores. Alguns desses conservadores, depois de 2013, utilizaram a sigla do movimento para lançar suas organizações, caso do Movimento Brasil

Livre (MBL), que, criado em 2014, quis pegar carona no sucesso e no protagonismo inédito do Movimento Passe Livre (MPL), querendo confundir a cena com sigla parecida. Na realidade, são contramovimentos, não movimentos sociais, conforme caracterização feita no capítulo 1 deste livro.

O associativismo pós-junho de 2013 no Brasil

Junho de 2013 foi marcado por uma conjuntura com novas articulações, pela estruturação de um discurso crítico aos espaços tradicionais de participação e representação política, bem como por questionamentos sobre as estruturas de organizações históricas, tais como partidos, sindicatos e mesmo organizações de movimentos sociais de caráter mais formal. Muitos analistas não perceberam ou se recusaram a ver essa faceta das manifestações e alegaram que faltava a esses movimentos definições estratégicas, programáticas e teóricas, alertando para a fragilidade organizatória do movimento, a não definição de rumos e o perigo de ser apropriado por forças conservadoras da direita, como já registrado em outros momentos históricos de tensão social. De fato, era uma forma diferente de se organizar e ver o mundo da política, diferente da clássica esquerda tradicional, especialmente o setor que estava no poder. A fragilidade organizatória dos jovens, os embates internos, as críticas da esquerda clássica e a percepção de oportunidades que se abriam para a direita, à espreita desde a época do Mensalão, com o movimento "Cansei", de 2007, corroboraram para o não aproveitamento, naquele momento do campo de possibilidades que se abriam, de mudança política e transformação social.

Portanto, junho de 2013 foi um evento que entrou para a história como um acontecimento, recorrendo novamente ao termo de Badiou (1995), aqueles que nos obrigam a ver um novo modo de ser, imprevisível, que demarca novas possibilidades no horizonte político. Produziu efeitos inimagináveis inicialmente, como fazer governantes retrocederem no aumento das tarifas e implantar posteriormente o passe livre em 72 cidades brasileiras. Junho de 2013 demarcou novas possibilidades de organização, estratégias e conteúdo das pautas, inaugurando um ciclo de mudanças sociais, políticas e culturais no país com a emergência de novos grupos, demandas e formatos de ação coletiva, assim como novos projetos e visões de mundo relativos aos processos de mudança e transformação social, deslocamentos ideológicos e novos padrões de relações com o Estado e outras entidades da sociedade civil.

Redescobriu-se o valor e a importância das estruturas horizontais e da autonomia (Gaiger, 2023) tanto nos grupos mais próximos ao ideário da esquerda, como o próprio MPL, como nos grupos autonomistas com inspiração no ideário anarquista e outros (Faria, 2020). Os jovens passaram a apostar em coletivos e outras formas de sociabilidade mais horizontais e transversais, constituindo-se contra públicos de resistência (Solano; Rocha; Medeiros, 2021; Warner, 2002). Defendem causas e valorizam a experiência, querem vivenciar corporalmente. Eu destaco nessas novas formas os coletivos como uma novidade no associativismo civil, pois antes essa forma se restringia a coletivos na área da cultura. Conforme já assinalado no capítulo 2, eles têm formas de engajamento e construção de ações coletivas diferentes dos movimentos sociais. Muitos expressam um novo ciclo geracional de protestos, insurgências ou atos colaborativos/solidários, assim como uma nova cultura política no campo da participação social. São diferentes também das ONGs: não precisam de CNPJ para se formar ou fazer uma parceria. São fáceis de se criar, predominam nas universidades e deram abrigo a causas identitárias, além de projetos culturais. Eles já existiam desde o século XX, mas se multiplicaram após 2013 em coletivos de questões de raça, gênero, ambientais, de sociabilidade urbana na área do lazer, ajuda mútua, empreendedorismo sociocultural etc. Em alguns coletivos há a negação de participação em movimentos clássicos e tradicionais, como partidos e sindicatos. Alguns jovens que participaram das manifestações em 2013 em coletivos, mas muitos jovens conheceram os coletivos participando das manifestações em junho de 2013 (Perez, 2019).

Um registro importante sobre junho de 2013 diz respeito à violência nas ruas. O tratamento dado inicialmente pela grande mídia, denominando os protestantes como de *vândalos* e clamando pelo combate nos rigores da lei certamente contribuiu para a brutalidade da Polícia Militar nas ruas, pelo menos no caso de São Paulo. A questão da violência é importante de ser discutida porque, até 2013, era analisada em dois campos das lutas sociais: na área rural, com as ocupações de terras, e nos protestos antiglobalização da década de 2000. As manifestações nas ruas dos movimentos sociais urbanos organizados usualmente ocorriam como protesto, mas sem uso da violência. Após 2013, o uso da violência passou a ser recorrente, especialmente se estavam presentes grupos de *black blocs* (Dupuis-Déri, 2014; Solano *et al.*, 2014). Registre-se ainda que, nos eventos e publicações sobre os dez anos de junho de 2013, os setores que defendem a narrativa do "ovo da serpente" citada no início de nossas análises de junho deram grande ênfase aos atos de violência nas ruas, buscando fazer uma correlação simples e direta daqueles acontecimentos com 8 de janeiro de 2023, um contramovimento organizado pela direita pró-Bolsonaro que tentou ocupar os Três Poderes em Brasília, destruindo tudo o que encontrava pela frente, visando derrubar o governo do Presidente Lula, que tomara posse oito dias antes, e recolocar o ex-Presidente Bolsonaro no poder.

Após 2013, as experiências e manifestações coletivas estão associadas à luta por direitos de comunidades específicas (raciais, étnicas, de gênero, comunidades LGBTQIA+, grupos religiosos, ativistas pelo meio ambiente etc.). No Brasil, essas demandas devem ser compreendidas também no contexto de mudanças ocorridas a partir da década de 2005, com a inclusão de jovens ao sistema de ensino e as mudanças ocorridas via Prouni, lei de cotas, programas de bolsas no exterior, como o Brasil Sem Fronteiras etc. Portanto, ocorreram algumas alterações na estruturação da sociedade brasileira, no acesso à educação, no combate ao racismo, nas políticas de gênero etc. Na última década cresceu o número de organizações e movimentos políticos que, por meio da mídia, *fake news* e outras ferramentas, acirram a "política do ódio" imperante desde a fase das manifestações pelo *impeachment*, entre 2015 e 2016. Analistas observam que, de 2015 a 2018, ocorreram grandes transformações na paisagem ideológica brasileira, com o colapso do modelo do nacional-desenvolvimentismo e a ascensão do movimento liberal: Menos Marx, Mais Mises (Rocha, 2021). As redes online passam a ser um novo espaço público por meio das grandes plataformas digitais, que criaram, com ajuda de grandes empresas, algoritmos e marcadores socioemotivos associados aos afetos, à raiva, ao ódio, à indignação (Latour, 2012). Eles alimentam e estimulam as guerras culturais das narrativas, não mais apenas um meio para comunicação e agregação; a autocomunicação, que falava Castells no início da década de 2010 (Bosco, 2023).

Mena (2019) alerta para a utilização de tecnopolíticas com fins antidemocráticos e até ilegais. Magalhães diz que o problema tem a ver com assimetrias de poder, já que mesmo formas de tecnopolíticas que seriam em princípio positivas para a sociedade podem gerar consequências negativas inesperadas.

> Um exemplo é a própria criação do Facebook, anunciado como forma de diminuir a hierarquização do mundo e das injustiças. E isso pareceu verdadeiro até que atores com diferentes ideias do significado de política passaram a usar seu potencial pra quebrar regras justas e estabelecer outras assimetrias de poder, o que levou a mais injustiça (Magalhães *apud* Mena, 2019).

A partir de 2013, progressivamente cresce uma direita renovada e popular que vai às ruas, impulsionada pela ascensão de organizações liberais criadas na década anterior, como Instituto Milenium e Menos Marx, mais Mises e outras criadas na década de 2010, como a Consultoria Cause (Machado, 2021) e o AGORA. Elas atuam na formação política de dirigentes, especialmente entre jovens. Apesar do esforço do Governo Federal, ainda em 2014, de criar uma Política Nacional de Participação Social (PNPS) para ampliar as estruturas participativas institucionais, a tentativa não teve sucesso. A pauta que passou a predominar e teve apoio na sociedade, após as eleições de outubro de 2014, foi a de lutar contra as "elites políticas corruptas". A Operação Lava Jato se tornou símbolo emblemático dessa luta.

Em 2015, com a crise política gerada pelo *impeachment* da ex-Presidenta Dilma Rousset e o grande foco da mídia no combate à corrupção, vários partidos foram atingidos, especialmente o Partido dos Trabalhadores

(PT), que perdeu eleições em locais importantes, como a prefeitura de São Paulo, em 2016. Logo após 2015, diferentes movimentos sociais canalizaram energias contra obras da Copa do Mundo de 2014 e da Olimpíada de 2016; além disso, explodiu um movimento de jovens estudantes secundaristas que pleiteavam contrarreformas da estrutura das escolas e do Ensino Médio – inspiradas nos jovens de 2013 – e as lutas antirracistas e feministas cresceram, impulsionadas pelo legado de 2013, pela rejeição a Bolsonaro, com o movimento 'Ele não", em 2017, e pelo ativismo internacional a respeito, especialmente o Me Too, nos Estados Unidos. Após 2016, a pauta dos movimentos clássicos ficou mais no plano da resistência às reformas econômicas e previdenciárias no governo do ex-Presidente Temer (2016-2018).

O que se observa em relação aos órgãos institucionais de participação a partir de 2015 foi a sua desativação ou esvaziamento. Ativistas de movimentos e organizações sociais que atuavam como representantes em estruturas colegiadas estatais, como as instituições participativas (IPs), foram abandonando os cargos por desestímulo (reuniões não convocadas, pautas genéricas) ou tiveram seus conselhos desativados, especialmente na área da juventude. Esses espaços constituíam núcleos de participação, de aprendizagem de políticas públicas.

Na conjuntura pré-eleitoral de 2016 e 2018, vários participantes de coletivos optaram pela participação institucional, concorrendo a cargos públicos pelo voto popular.

Como isso ocorreu? Por que optaram pela via institucionalizada se a emergência dos jovens na cena pública, nas manifestações nas ruas, em 2013, foi pela negação da política institucional ou pela negação da forma como ela era praticada? É importante relembrar novamente que, em 2013, eles se apresentavam como apartidários, mas não antipartidários (Gohn, 2014). Alguns dos coletivos identitários deram origem a grupos voltados para a formação de "bancadas ativistas" na esfera pública, para atuação institucional e parlamentar, a exemplo da Bancada Ativista, em São Paulo, e do Coletivo Muitas, em Belo Horizonte. *Autonomia*, dentro de esferas institucionalizadas, significa busca de autodeterminação de metas, planos e valores, não a dissolução de princípios porque a burocracia institucional ordena. Registre-se, entretanto, que isso não é tarefa fácil e talvez explique por que inúmeros jovens que tiveram protagonismo central nos atos de junho de 2013, em São Paulo e no Rio de Janeiro, atuando como porta-vozes dos manifestantes em entrevistas no jornal, no programa Roda Viva ou indo ao Palácio da Alvorada, em Brasília, em reunião convocada pela ex-Presidenta Dilma, após os grandes atos não optaram pela via de ingresso na vida político-partidária nos anos seguintes, sendo raro casos de ingresso na disputa em cargos públicos via eleições legislativas.

Uma análise mais profunda ainda está por ser feita sobre esses "autonomistas" que lutavam por uma política e um governo diferenciados (Ortellado, 2023). As notas que inserimos em alguns pontos sobre as tecnopolíticas são de importância fundamental para a análise das diferentes propostas dos autonomistas.

> "Tecnopolítica é um campo de pensamento importante para teorizar sobre a autonomia cidadã frente às tecnologias de controle que marcam nosso presente. Sua operacionalização imagina apropriações para as tecnologias da informação e comunicação que visam o interesse público", Victor Vicente. Coordenador de mídias do Instituto de Tecnologia e Sociedade (ITS Ric) (Mena, 2019).

A ascensão de grupos de direita ao poder central, com a eleição de Jair Bolsonaro, em 2018, levou, em um primeiro momento, os movimentos sociais clássicos mais próximos das siglas partidárias da esquerda a perderem espaços e protagonismo, mas a nova conjuntura política e econômica rapidamente reabriu espaço para a luta em defesa de reformas na educação, contra a reforma previdenciária, por pressão pela investigação do assassinato de Marielle Franco, em março de 2019, exigindo esclarecimentos sobre os culpados e clamando pela punição deles, por exemplo. Essas pautas absorveram as energias dos movimentos sociais progressistas, clássicos ou novos/identitários, entre 2018 e 2019. Em abril de 2019, o então Presidente Jair Bolsonaro cancelou, via decreto, a lei que criou um sistema nacional de participação social e dezenas de diferentes conselhos foram extintos. Muitos tentaram defender esses espaços como necessários e se lançaram na construção de novos espaços, como os citados mandatos coletivos

Entre 2019 e 2022 ocorre o crescimento dos atos e grupos antidemocráticos de contramovimentos da direita nas ruas. Vários desses grupos passaram a protagonizar cenas de protesto nas ruas e atos de violência contra sistemas judiciários. Em 8 de janeiro de 2023 os conservadores e reacionários atuaram via golpe após uma campanha golpista de deslegitimação da justiça eleitoral e negacionismos de toda ordem.

Lembrando que o período de 2020 a 2021 corresponde à fase da emergência e do auge da pandemia mundial da covid-19, com alterações significativas no cenário do associativismo civil. Grupos e movimentos sociais tradicionais se retraíram das ruas, novas formas de manifestação surgiram (como de entregadores de mercadorias por aplicativos) e novas formas de solidariedade nas comunidades mais carentes, via associações e redes comunitárias de compras e apoio, recriando, de forma totalmente diferente, o associativismo popular das décadas de 1970 e 1980 (tratamos disso no capítulo 3). As demandas dessas formas de trabalho são por direitos específicos, como alimentação, plano de saúde, regulamentação de horas de trabalho, formas de pagamentos, por exemplo, mas muitos deles não querem a "carteira assinada", nem serem sindicalizados. Querem continuar como autônomos.

Desde 2019 tenho dito em minhas publicações que é preciso se atentar aos novos fatos e não usar as mesmas análises do passado. Não se trata mais de contrapor os novos movimentos sociais – nucleados em torno de questões identitárias, tais como sexo, etnia, raça e faixa etária – aos "velhos" movimentos dos trabalhadores, como Claus Offe (1988), Touraine (1984), Melucci (1980) e outros fizeram na década de 1980. Não se trata também de contrapor tipos de movimentos ou ações coletivas, nem paradigmas teóricos interpretativos como mais ou menos adequados, até porque todos eles continuam a coexistir com os novos e há uma grande disputa de narrativas político-ideológicas que interpenetram o campo da discussão teórica, como observamos neste capítulo no caso do "legado" de junho de 2013.

É preciso criar capacidade na sociedade civil para canalizar as energias das novas forças dos jovens emergentes progressistas a partir de 2013. O ativismo na sociedade civil necessita de reforma estrutural da política brasileira, demandada com força em 2013, para desenvolver suas experiências. O ativismo dos jovens tem necessidade de experimentação/formação, e isso tem de ocorrer independentemente de programas e estruturas estatais, mas com o suporte e o amparo institucional da lei. Não estamos nos referindo à formação política clássica de partidos e sindicatos, mas a uma formação construída junto aos novos sujeitos em cena e suas formas novas de pensar, agir e sonhar com o futuro; ou seja, uma formação emancipadora, não a "bancária", como dizia Paulo Freire, na qual conteúdos são depositados em massas consideradas de baixo grau de educação política, incapazes de pensar e agir por si próprias.

As ações coletivas a partir de junho de 2013 nos leva a observar: há múltiplos processos de subjetivação na construção dos sujeitos em ação – os acontecimentos no calor da hora provocam reações que geram novas frentes da ação coletiva. A composição delas é complexa, diversificada, com múltiplos atores, propostas e concepções sobre a política, a sociedade e o governo. As emoções dos indivíduos e coletivos ganham destaque nos protestos políticos e podem assumir papel ativo na construção do social.

Notas finais

O capítulo focaliza o debate sobre o que foi e o significado das manifestações de junho de 2013, e como podemos caracterizar o associativismo civil no Brasil pós-junho de 2013. Mudanças geracionais no comportamento dos jovens são analisadas, destacando-se as novidades, dentre elas a expansão das ações em coletivos. Indaga-se também como as ruas se transformaram no principal espaço público de participação e protestos, e como esse espaço foi sendo apropriado pelos conservadores com atos antidemocráticos, transferindo para as redes sociais o eixo organizador do protesto, transformando-as em novo espaço público, formador de opiniões.

As manifestações de 2013 impactaram a sociedade e a agenda de governantes. O legado de junho de 2013 está em disputa entre setores sociopolíticos, especialmente entre diversos segmentos da esquerda. Após uma década, ainda é "um enigma a decifrar." Marcos Nobre, um dos melhores dentre os analistas de 2013, avaliou que o "ovo da serpente" é a interpretação dominante de junho de 2013.

Em 2013 a identidade da maioria dos jovens que saíram às ruas se construiu por diferenciação ao instituído, como contrapúblicos e vozes dissonantes que reverberaram conflitos pelo silenciamento que viviam (Warner, 2022). Parte dessas vozes construiu, mesmo na adversidade do novo regime político pós-*impeachment*, caminhos de empoderamento e mecanismos de pressão, especialmente junto ao Poder Judiciário, a exemplo dos jovens que se engajam ou apoiam as lutas dos povos originários indígenas, dos negros e as lutas contra o racismo estrutural, bem como ambientalistas, mulheres, grupos LGBTQIA+ etc. Tudo isso deve ser visto como legado de 2013. Já as experiências antidemocráticas, crescentes a partir de 2015, remetem à construção da identidade a partir do antagonismo, do ódio e de fatores ideológicos advindos de mídias e das redes sociais conservadoras. Elas se adensaram estimuladas por contramovimentos, grupos conservadores e reacionários. Nada a ver com a maioria dos jovens que saíram às ruas em junho de 2013, que buscavam vias não institucionais para fazer política e contribuíram para uma politização alternativa da sociedade. Em janeiro de 2023, os conservadores e reacionários atuaram via golpe após uma campanha golpista de deslegitimação da justiça eleitoral e de negacionismos de toda ordem.

Rever junho de 2013 nos indica a importância e a necessidade de ampliar o escopo analítico para entendermos ações coletivas na atualidade, especialmente os movimentos sociais. Trata-se de reconhecer a diversidade de movimentos e de ações civis coletivas, suas articulações e os marcos interpretativos que têm lhes atribuído sentidos e significados novos. O leque de formas associativas civis se ampliou tanto no campo progressista quanto no conservador, com a proliferação de formas novas, como os coletivos – que reinventam as formas de fazer política –, a expansão do setor das ONGs, as associações civis voluntárias articuladas a apoios do setor privado e o surgimento (ou ressurgimento) de outras ações coletivas no campo dos conservadores e reacionários – os contramovimentos –, que se apropriaram de pautas de grupos progressistas e promoveram atos e criaram organizações antidemocráticas.

No conjunto, as ações coletivas se transformaram bastante, realizaram deslocamentos em suas identidades e incorporaram outras dimensões do pensar e agir social. Alteraram seus projetos políticos. Mas como são muitas e heterogêneas, parte delas se fragmentou, perdeu ou redefiniu sua identidade, suas ideias e seus pontos de vista centrais, alterando o projeto e a cultura política existentes. Outros se redefiniram segundo as mudanças de outros atores sociais em cena. Outros ainda aproveitaram brechas e se conectaram com as possibilidades dadas pela globalização econômica (geradora de resistências e protestos) e cultural (geradora de novas sociabilidades, novas interações e aprendizagens baseadas na pedagogia do exemplo – aprender via observação – nos grandes eventos transnacionais ou via conexão nas redes da internet).

O perfil dos participantes se alterou de *militante* para *ativista*. As marchas ficaram mais com os movimentos rurais e movimentos dos povos indígenas; ocupações de ruas, praças e bloqueios de rodovias se tornaram o modelo básico de protesto (Gerbaudo, 2021). As redes sociais, que inicialmente substituíram os "muros de Paris" como divulgadora das demandas, palavras de ordem e articuladora das ações em si, lembrando e comparando com 1968, passaram a ser um novo espaço público via grandes plataformas digitais. Concluo com uma citação de Dennis de Oliveira (2014):

> os coletivos de ativistas, para além dos arranjos táticos pontuais e de suas ações fragmentárias, se constituem em verdadeiros espaços de construção de uma nova cultura política, transformadora e revolucionária, não apenas pelo seu discurso programático, mas pelas suas práticas e atitudes (Oliveira, D., 2014, p. 110).

Conclusões do livro

Após caracterizar quatro formas de participação e associativismo em coletivos periféricos de moradores, povos indígenas, entre os jovens e a participação social institucionalizada, este livro indagou sobre o que a realidade atual destas formas de participação nos indica. O que há de novo, o que mudou, o que foi ressignificado. Em suma: Como podemos caracterizar o novo cenário da participação no Brasil, em suas diferentes formas, após as metamorfoses de muitas delas? Considerou-se o contexto político de polarização das ideologias, a crise atual da democracia liberal, as transformações no mundo do trabalho, com reformas, queda nos índices do trabalho formal e aumento do trabalho em setores do terceiro setor, agora também como empreendedores econômicos geradores de emprego e renda, não só como prestadores no setor de serviços, o crescimento de seitas e religiões no país e o espaço que passaram a ocupar na vida das pessoas, a crescente onda de violência na sociedade, tanto física como nas relações virtuais, com perseguições, cancelamentos, *fake news* etc. (Cesarino, 2022) e a forte predominância do uso das redes sociais e das tecnologias nas relações e comunicações entre os indivíduos, alterando as formas de sociabilidade existentes. Como esses campos, sujeitos e atores, nas formas de participação analisadas, têm sido impactados pelas tecnologias e como as utilizam. Em suma: Como podemos caracterizar o novo cenário da participação no Brasil?

Dentre as conclusões, olhando para os ciclos participativos, observa-se que: os movimentos identitários ou emancipatórios cresceram e se fortaleceram reivindicando direitos sociais, e tivemos saldos positivos na participação em instâncias institucionalizadas, tais como a constituição de redes de direitos e políticas públicas voltadas para setores excluídos ou discriminados. Mas os avanços não foram suficientes, não se desenvolveu culturas políticas democráticas e as políticas públicas em geral focalizaram grupos específicos, sem caráter universalizante. Disso resulta que, na atualidade, os direitos sociais, como pressupostos e garantia dos direitos civis e dos direitos políticos, estão enfraquecidos e podem vir a ser retirados, pois dependem da caneta do plantonista no poder, a exemplo do que está ocorrendo nos Estados Unidos a partir de 2025, com a gestão de Donald Trump. Nesta década os movimentos e coletivos identitários estão sendo atacados não só pelos conservadores, mas também por outros setores. Os "identitaristas" precisam se atentar e diferenciar o radicalismo da direita, dos comentários e das críticas de outros setores. Debater as críticas é necessário e democrático. Desclassificá-las *a priori*, cancelando seus produtores, progenitores e antecessores, não avança na caminhada de conquistas históricas, que não devem retroceder. Ninguém é dono de verdades inabaláveis, inquestionáveis. O diálogo constrói, ajuda a construir avanços. Rechaçá-lo é ato não democrático e abre caminho para os autoritários.

O capítulo 3 abordou os coletivos periféricos e a participação empreendedora a partir de uma comunidade de favela em São Paulo, a de Paraisópolis. Pode-se observar que, na atualidade, existe uma pluralidade de formas de associativismo que vem das antigas associações de moradores até as modernas formas de empreendedorismo socioeconômico e cultural, passando pela articulação com os novos coletivos. Há uma ecologia de saberes acumulados que se recriam cotidianamente por meio das experiências (diretas, virtuais ou híbridas), nas quais encontramos também inúmeros agentes e agências de mediação, do setor privado e do setor público. Como foi assinalado antes, a forma de engajamento parte de identificações que contêm interesses pessoais vinculados a geração de renda ou necessidades familiares, mas as ações dos coletivos que formam ou se inserem configuram atos colaborativos/solidários, assim como uma nova cultura política no campo da participação.

Cumpre analisar com profundidade, em pesquisas futuras, como as ações dos novos coletivos solidários do tipo que estão crescendo em Paraisópolis, em seus contrastes e aproximações, têm impactado as formas de sociabilidades e que tipo de identidades e cultura sociopolítica tem sido desenvolvido. Deve-se indagar o lugar e o papel do uso das tecnologias sobre a cultura e a participação sociopolítica nos próprios moradores e grupos participantes em um território urbano que se configurou a partir de uma ocupação a um loteamento "abandonado", que atualmente é um bairro popular periférico encravado entre torres de prédios de camadas altas e médias da população.

Em relação ao capítulo 4, dedicado aos movimentos e coletivos dos indígenas, o mais longo deste livro, recuperou-se o histórico do movimento em dois momentos cruciais: anos de 1970 a 1988 e após 2020, com a questão do Marco Temporal. Observa-se a vitalidade do movimento que saiu da invisibilidade e do tratamento jurídico como seres incapazes, que deveriam ser tutelados, para sujeitos ativos, atuantes e altivos, que lutam não apenas pelas suas terras, mas por seus territórios com tudo o que ele incorpora: terra, águas, florestas, o ar não poluído e suas formas de existência. Em suma, seu modo de vida, fundamentado em outra concepção de mundo. Destacou-se também a importância de se atentar e aprender como este modo, pois contém elementos fundamentais para "sair" da crise climática e ambiental que assola não só o Brasil, mas grande parte do globo. Loureiro (2002) nos alerta que os povos originários não foram tratados como atores sociais importantes nos processos de mudança gerados pela modernização. Como consequência, suas formas de vida e trabalho foram desestruturadas por um modelo de desenvolvimento socioeconômico que não usufrui do saber acumulado das comunidades tradicionais da região em relação ao uso dos recursos naturais da floresta (Cunha, 2024). Disso se extrai uma lição: a de que a produção do conhecimento precisa envolver os saberes dos povos originários, quilombolas, pequenos agricultores, segmentos populares nas cidades etc. Sistemas de controles democráticos devem ser construídos de forma dialógica, envolvendo aprendizagens mútuas; os saberes dos povos originários têm de ser valorizados e incorporados aos sistemas de regulação social. Sem eles, a injustiça e a barbárie avançam.

Destacamos também o papel dos jovens, especialmente das mulheres indígenas. Várias delas se tornaram lideranças no país e no exterior, participando do processo político de representação em órgãos públicos, vindo a ocupar cargos nos poderes Legislativo e Executivo, cargos que significam conquistas na longa trajetória das lutas por seus direitos. Registramos também a atuação de mulheres não indígenas em ações coletivas em defesa dos indígenas, como Eunice Paiva, Manuela Carneiro da Cunha, Cláudia Adujar e tantas outras que dedicaram/dedicam parte de suas vidas à causa dos indígenas ou de assentados em regiões do Norte do país, como a missionária Dorothy Stang, que era agente da Comissão Pastoral da Terra (CPT), assassinada em 2005. Um grande tema para aprofundamento e pesquisas futuras.

Sobre a questão do Marco Temporal, trata-se de um processo em curso, há muito para acontecer ainda. E há outras questões graves na cena atual, como o aumento de mortes de indígenas, conflitos de terras em várias partes do Brasil, situações sanitárias e de saúde entre os povos indígenas, que necessitam de respostas e ações urgentes do poder público. E o plano do Governo Federal de explorar petróleo na bacia da foz do Rio Amazonas, que é um santuário da floresta e da vida da maioria dos povos indígenas no Brasil. Isso tudo leva a uma nova etapa e agenda de pesquisa, com várias indagações que podemos sintetizar em três pontos: o que está mudando, quais são os principais impactos para os povos indígenas no Brasil, a partir de 2023, com a criação do Ministério dos Povos Originários Indígenas e como os movimentos indígenas estão atuando e reestruturando suas ações coletivas nesse cenário.

O capítulo 5, sobre os jovens e os impactos e legados de junho de 2013, observou que há um grande debate e uma disputa política e ideológica sobre o significado das ações de junho de 2013, que penetrou no campo das interpretações ideológicas, políticas e teóricas a respeito. Eu não me filio à explicação da tese predominante, que afirma ter sido lá, junho de 2013, o "ovo da serpente" que plantou o início das ações dos conservadores, reacionários e radicais da direita no país. Eu vi, vejo e analiso as manifestações de junho de 2013 como um fenômeno contraditório, diferenciado conforme cada região do país. Trata-se de um marco superimportante na cena sociopolítica brasileira de protestos e manifestações públicas no Brasil pelas novas formas de ação, *performances,* estratégias, novos repertórios, novas possibilidades de organização e o uso intenso de novas tecnologias, via redes sociais, blogs etc. Em 2013 a maioria dos jovens que saíram às ruas não estava nos movimentos identitários já clássicos, como das mulheres, nem nos populares ou nos canais institucionais participativos. Levantamentos posteriores registraram que a maioria desses jovens tinha escassa relação com correntes político-partidárias, ou até nenhuma relação. Os jovens eram de outra geração em relação aos governantes do país e aos militantes de outros movimentos tradicionais da época. Alguns advinham de coletivos, outros da própria irrupção de junho de 2013. Não formavam um bloco homogêneo; as matrizes político-ideológicas deles variavam entre centro-esquerda, esquerda radical e anarquista, autonomistas e conservadores. Junho de 2013 foi marcado por uma conjuntura com novas articulações, pela estruturação de um discurso crítico aos espaços tradicionais de participação e representação política.

Após junho de 2013, o leque de formas associativas civis se ampliou tanto no campo progressista quanto no conservador, com a proliferação de formas novas, como os coletivos (que reinventam as formas de fazer política), a expansão do setor das ONGs, as associações civis voluntárias articuladas a apoios do setor privado, assim como o surgimento (ou ressurgimento) de outras ações coletivas no campo dos conservadores e reacionários: os contramovimentos, que se apropriaram de pautas de grupos progressistas, promoveram atos e criaram organizações antidemocráticas.

Para explicar melhor o clima de tensão e polarização que passou a dividir a sociedade brasileira nesta década, para além das posições e divisões partidárias, há necessidade de apontar caminhos para o diálogo e a formação de consensos. Mas o diálogo não se constrói entre posições sociais em condições desiguais; é preciso equalizar os termos e os lugares do debate. O valor da democracia não está na existência do "berreiro e xingamento" entre lados opostos, mas sim na preservação de uma vida social e cultural saudável, onde haja respeito ao outro, além de vida inteligente ativa. Oscar Vilhena, em artigo já citado, disse: "A defesa mais efetiva da democracia passa pela capacidade das democracias existentes de promover o bem-estar". E sabe-se: o bem-estar é um leque amplo que parte das necessidades básicas elementares, como alimentação e saúde. Inflação, preços altos, insegurança quanto ao trabalho ou emprego, além de medo ao sair nas ruas, certamente estão fora da quadra do bem-estar. A maioria dos indivíduos se preocupa em suprir suas necessidades básicas e a de suas famílias, aceitam e acreditam nos líderes (ainda que desconhecidos) mas que prometem suprir estas necessidades, não se importando de que partido são, se de esquerda, centro ou direita. Com isso, a repetição do "fenômeno" Milei, na Argentina de 2023, é sempre uma possibilidade dada.

As crises econômicas, climáticas, da área da saúde (especialmente com pandemia), as revoltas políticas, as guerras, entre outros acontecimentos, numa sucessão avassaladora, têm deixado as pessoas um tanto entorpecidas, nos dizeres de Naomi Klein, que alerta:

> é perigoso se acostumar com políticas de abandono em massa da vida humana. Então a política tem que voltar para o básico. As perguntas são: Nós valorizamos a vida? Acreditamos que todas as pessoas têm o mesmo valor no mundo? Há uma crise espiritual, eu diria. Às vezes penso que o papa (Francisco) é o único que consegue falar nessa língua hoje. Precisamos de líderes que sejam vozes algo proféticas no meio dessa intersecção de crises, de mortes tão massificadas que na academia chamamos de "necropolítica". Também acho que devemos parar de usar palavras como "necropolítica". Mantenha as coisas simples (Klein, 2025, p. A34-A35).

Concluo este livro com certa dose de esperança, lembrando que as políticas culturais de um país ou de uma instituição são importantes. Elas podem determinar mudanças de rumo no significado das práticas sociais. Indivíduos articulados em entidades associativas, constituídos como sujeitos coletivos, participando com força sociopolítica organizativa, podem definir novos significados às políticas culturais e de outros tipos. As políticas culturais afetam a subjetividade e a identidade dos indivíduos e grupos porque a cultura desempenha um papel central em nossa própria constituição. Os conflitos culturais são conectados à subjetividade, pois ela inclui dimensões inconscientes e subconscientes de si, amplia contradições, processos e mudanças. A identidade implica ver sentido de consciência em si e para o grupo ao qual pertence. A construção de identidades novas, dizem Jordan e Weedon (1996), é um esforço político para transformar a sociedade. Construir novos significados culturais, resgatar antigos e retrabalhar os que produzem discriminação e preconceitos são espaços e tarefas também das políticas culturais. Ao falarmos delas, estamos falando também de poder, de poder de definir o que as coisas significam. Esse poder se expressa nos discursos enquanto forma de conhecimento, mas também o significado do mundo para quem fala. Segundo Raymond Willians, os significados culturais configuram um modo de vida que é informado por um espírito comum, que envolvem processos de desenvolvimento intelectual, espiritual e estético. Avançar em conquistas democráticas e impedir retrocessos autoritários implica analisar todas essas formas e não se restringir a parâmetros dualistas, bipolarizados. Observar a diversidade e as possibilidades para desenvolver cultura política democrática. Dar mais atenção à educação, às aprendizagens e à ecologia de saberes em vez de às disputas por poder e controle político do país, de uma região ou de um território.

Referências

ABERS, R. (org.). *Ativismo institucional*: criatividade e luta na burocracia brasileira. Brasília, DF: UnB, 2021.

ABERS, R. N.; TATAGIBA, L. Ativismo institucional na burocracia brasileira: a mobilização em defesa da saúde da mulher. *In*: ENCONTRO ANUAL DA ANPOCS, 38, 2014, Caxambu. *Anais* [...]. São Paulo: Anpocs, 2014. p. 1-32.

ALMEIDA, C.; CAYRES, D. C.; TATAGIBA, L. Balanço dos estudos sobre os conselhos de políticas públicas na última década. *Lua Nova*, [*s. l.*], v. 94, p. 255-294, 2015.

ALMEIDA, D. Candidaturas coletivas: uma nova forma de interação entre movimentos sociais e partidos políticos. *Dados*, [*s. l.*], v. 67, n. 2, p. 1-45, 2023.

ALMEIDA, R. Bolsonaro presidente: conservadorismo, evangelismo e a crise brasileira. *Novos Estudos Cebrap*, [*s. l.*], v. 38, n. 1, p. 185-213, 2019.

ALMEIDA, R. Religião na metrópole paulista. *Revista Brasileira de Ciências Sociais*, [*s. l.*], v. 19, n. 56, p. 15-27, 2004.

ALONSO, A. A política das ruas: protestos em São Paulo de Dilma a Temer. *Novos Estudos Cebrap*, São Paulo, p. 49-58, 2017.

ALONSO, A. *Treze* – A política de rua de Lula a Dilma. São Paulo: Companhia das Letras, 2023.

ALTEMAN, B.; CARLOTTO, M. (orgs.). *A rebelião fantasma*. São Paulo: Boitempo, 2023.

ANDRÉS, R. *A razão dos centavos* – Crise urbana, vida democrática e a revolta de 2013. Rio de Janeiro: Jorge Zahar, 2023.

ANTUNES, R. Qual o futuro do trabalho na era digital? Será que o trabalho tem futuro? *In*: REIS, T. S.; OLIVEIRA, M. P. (orgs.). *Lutas e movimentos sociais no tempo presente*: historiografia, teoria e metodologia. Boa Vista: Editora da UFRR, 2022.

ARAÚJO, G. Paraisópolis é a 2ª maior comunidade de São Paulo e moradores pedem ações sociais há pelo menos 10 anos. *G1*, São Paulo, 1 dez. 2019. Disponível em: https://g1.globo.com/sp/sao-paulo/noticia/2019/12/01/paraisopolis-e-a-2a-maior-comunidade-de-sao-paulo-e-moradores-pedem-acoes-sociais-ha-pelo-menos-10-anos.ghtml – Acesso em: 21 abr. 2025.

ARIÈS, P. *História social da infância e da família*. Rio de Janeiro: Guanabara, 1981.

ARNSTEIN, S. Ladder of citizen participation. *AIP Journal*, [*s. l.*], p. 216-224, 1969.

ARRIAGADA, C. H.; SOTTO, D.; CORTESE, T. T. P. Vulnerabilidad al coronavirus (COVID-19) en la ciudad de Sao Paulo, Brasil: aplicación metodológica de estrategias proyectuales para la contención epidémica. *Revista de Geografía Norte Grande*, Santiago de Chile, n. 84, p. 95-122, 2023.

ARRIBAS, C.; GESTEIRA, A. Religião, política e movimentos sociais: tecendo trajetórias e explorando intersecções. *In*: PEREZ, O. C.; MOURA, J. T. V.; SANTOS, G. G. C. (orgs.). *O que querem os movimentos sociais?* Um guia simplificado sobre as lutas e os desafios das organizações feministas, negras e LGBTQIAPN+. Teresina: EDUFPI, 2025.

ASCENSO, J. G. S. *"Como uma revoada de pássaros"*: uma história do movimento indígena na ditadura militar brasileira. Tese (Doutorado em História) – Pontifícia Universidade Católica do Rio de Janeiro, Rio de Janeiro, 2021.

AVELINO, D. Cidade e cidadania: considerações sobre a gestão democrática na política urbana brasileira. *In*: COSTA, M. A. (ed.). *O Estatuto da Cidade e a habitat III*: um balanço de quinze anos da política urbana no Brasil e a nova agenda urbana. Brasília, DF: Instituto de Pesquisa Econômica Aplicada, 2016.

AVELINO, D.; FONSECA, I. F.; POMPEU, J. C. B. O lugar do povo: análise do projeto de participação social no plano diretor da reforma do aparelho de Estado. *In*: CAVALCANTI, P. L. C.; SILVA, M. S. (orgs.). *Reforma do Estado no Brasil*: trajetórias, inovações e desafios. Brasília, DF: Instituto de Pesquisa Econômica Aplicada, 2020.

AVRITZER, L. Um balanço da participação social no Brasil pós-constituição de 1988. *In*: AVRITZER, L. (org.). *Experiência democrática, sistema político e participação popular*. São Paulo: Editora Fundação Perseu Abramo, 2013.

BADIOU, A. *El despertar de la historia*. Madri: Clave Editorial, 2012.

BADIOU, A. *Ética:* um ensaio sobre a consciência do mal. Rio de Janeiro: Relume-Dumará, 1995.

BALLOUSSIER, A. V. Datafolha expõe como relação de Lula com evangélicos vai de mal a pior. *Folha de S. Paulo*, São Paulo, 16 fev. 2025. Disponível em: https://www1.folha.uol.com.br/poder/2025/02/datafolha-expoe-como-relacao-de-lula-com-evangelicos-vai-de-mal-a-pior.shtml – Acesso em: 21 abr. 2025.

BALLOUSSIER, A. V. Favelas têm maior proporção de templos religiosos do que o resto da cidade, mostra pesquisa. *Folha de S. Paulo*, São Paulo, 9 dez. 2024. Disponível em: https://www1.folha.uol.com.br/cotidiano/2024/12/favelas-tem-maior-proporcao-de-templos-religiosos-do-que-o-resto-das-cidades-mostra-pesquisa.shtml – Acesso em: 21 abr. 2025.

BECKER, B. K. Amazônia: mudança climática, projetos globais e interesse nacional. *Parcerias Estratégicas*, [*s. l.*], v. 18, n. 36, p. 107-128, 2013.

BELLEAU, J.-P. History, memory, and utopia in the missionaries' creation of the Indigenous Movement in Brazil

(1967-1988). *The Américas*, [*s. l.*], v. 70, n. 4, p. 707-730, 2014.

BENNETT, W. L.; SEGERBERG, A. The logic of connective action: digital media and the personalization of contentious politics. *In*: COLEMAN, S.; FREELON, D. (orgs.). *Handbook of digital politics*. [*S. l.*]: Edward Elgar Publishing, 2015. p. 169-198.

BICALHO, P. Resistir era preciso: o decreto de emancipação de 1978, os povos indígenas e a sociedade civil no Brasil. *Topoi*, [*s. l.*], v. 20, n. 40, p. 136-156, 2019.

BÓGUS, L. M. M.; TASCHNER, S. P. A cidade dos anéis. *Cadernos de Pesquisa do LAP*, São Paulo, n. 28, 1998.

BONALUME, C. Movimentos sociais: o desafio de mobilizar, propor e afirmar. *Ilha*, [*s. l.*], v. 22, n. 1, p. 154-186, 2020.

BORGES, A. Ala do governo busca acelerar licença da Foz do Amazonas para evitar proximidade com COP30. *Folha de S. Paulo*, São Paulo, 1 fev. 2025. Disponível em: https://www1.folha.uol.com.br/ambiente/2025/02/ala-do-governo-busca-acelerar-licenca-da-foz-do-amazonas-para-evitar-proximidade-com-cop30.shtml – Acesso em: 21 abr. 2024.

BOSCO, F. Depois daquele mês. *Folha de S. Paulo*. São Paulo, 6 jun. 2023.

BOTTOMORE, T. H.; OUTHWAITE, W. (eds.). *The Blackwell dictionary twentieth century social thought*. Londres: Blackwell, 1993.

BRASIL. Ministério da Igualdade Racial. *Informe MIR* – Monitoramento e Avaliação – n. 2 – Edição Mulheres Negras. Brasília, DF: MIR, 2023.

BRASIL. Presidência da República. Secretaria Geral. Conselho de Participação Social. *Gov.br*, Brasília, DF, [202-]. Disponível em: https://www.gov.br/secretariageral/pt-br/conselho-de-participacao-social – Acesso em: 17 jan. 2025.

BRASIL. Presidência da República. Secretaria Geral. Moções aprovadas pelo plenário do Conselho de Participação Social da Presidência da República, em sua 2ª reunião ordinária – 30/08/2023. *Gov.br*, Brasília, DF, 8 set. 2023. Disponível em: https://www.gov.br/secretariageral/pt-br/conselho-de-participacao-social/reunioes-ordinarias/mocoes-notas/mocoes-aprovadas-pelo-plenario-do-conselho-de-participacao-social-da-presidencia-da-republica-em-sua-2a-reuniao-ordinaria-30-08-2023 – Acesso em: 17 jan. 2025.

BRASIL. Presidência da República. Secretaria Geral. Secretaria-Geral da Presidência reúne mais de 300 representantes de movimentos sociais para avaliar conjuntura brasileira. *Gov.br*, Brasília, DF, 16 dez. 2024. Disponível em: https://www.gov.br/secretariageral/pt-br/noticias/2024/dezembro/secretaria-geral-da-presidencia-reune-mais-de-300-representantes-de-movimentos-sociais-para-avaliar-conjuntura-brasileira – Acesso em: 17 jan. 2025.

BROWN, W. *Undoing the demos*: neoliberalism's stealth revolution. Nova York: Zone Books, 2015.

BRUZZONE, A. *Ciberpopulismo*: política e democracia no mundo digital. São Paulo: Contexto, 2021.

CALDEIRA, T. P. R. *City of walls*: crime, segregation, and citizenship in São Paulo. Berkeley: University of California Press, 2000

CASTELLS, M. *A sociedade em rede*. São Paulo: Paz e Terra, 1999.

CASTELLS, M. *O poder da comunicação*. Rio de Janeiro: Paz e Terra, 2015.

CASTELLS, M. *Redes de indignação e esperança*: movimentos sociais na era da internet. Rio de Janeiro: Jorge Zahar, 2013.

CASTELLS, M. *Ruptura*. Rio de Janeiro: Jorge Zahar, 2018.

CASTELLS, M.; CALDERON, F. *A nova América Latina*. Rio de Janeiro: Jorge Zahar, 2021.

CASTORIADIS, C. *L'nstituition Imaginaire de la Societé*. Paris: Seuil, 1975.

CAYRES, D. Ativismo institucional e interações Estado-movimentos sociais. *BIB*: Revista Brasileira de Informação Bibliográfica em Ciências Sociais, [*s. l.*], n. 82, p. 81-104, 2017.

CECEÑA, A. E. Territorialidade do poder. *In*: REIS, T. S.; OLIVEIRA, M. P. (orgs.). *Lutas e movimentos sociais no tempo presente*: historiografia, teoria e metodologia. Boa Vista: Editora da UFRR, 2022. p. 238-255.

CESARINO, L. *O mundo do avesso*: verdade e política na era digital. São Paulo: Ubu, 2022.

CIMI – COMISSÃO PRÓ-ÍNDIO/SP. Histórico da emancipação. *In*: *Cadernos da Comissão Pró-Índio/SP* nº 1: a questão da emancipação. São Paulo: Parma. 1979. p. 9-16.

CLEMENS, E. S. Repertórios organizacionais e mudança institucional: grupos de mulheres e a transformação da política nos EUA, 1980-1990. *RBCP*, [*s. l.*], n. 3, p. 161-201, 2010.

CODATO, A. A nova direita brasileira: uma análise da dinâmica partidária e eleitoral do campo conservador. *In*: CRUZ, S. V.; KAYSEL, A.; CODAS, G. (orgs.). *Direita, volver!* O retorno da direita e o ciclo político brasileiro. São Paulo: Fundação Perseu Abramo, 2015. p. 115-143.

CORAGGIO, J. L. *Miradas sobre la economia social y solidaria em América Latina*. Buenos Aires: UNGS/IAEN, 2017.

COSTA, S. Categoria analítica ou passe-partout político-normativo: notas bibliográficas sobre o conceito de sociedade civil. *BIB*: Revista Brasileira de Informação Bibliográfica em Ciências Sociais, [*s. l.*], v. 43, n. 1, p. 3-25, 1997.

COSTA, W. M. É na horizontalidade que nos entendemos: as experiências, biografias e narrativas dos ativistas de coletivos no Rio de Janeiro. 2024. Tese (Doutorado em Sociologia) – Pontifícia Universidade Católica do Rio de Janeiro, Rio de Janeiro, 2024.

CUNHA, M. C. A complementaridade entre os saberes. [Entrevista cedida a] José Tadeu Arantes. *Agência Fapesp*, São Paulo, 15 jan. 2024. Disponível em: https://agencia.fapesp.br/50626 – Acesso em: 16 abr. 2025.

CUNHA, M. C. *Os direitos do índio*: ensaios e documentos. São Paulo: Brasiliense, 1987.

DAGNINO, E. Sociedade civil, participação e cidadania: de que estamos falando? *In*: MATO, D. (org.). *Políticas de ciudadanía y sociedad civil en tiempos de globalización*. Caracas: Universidad Central de Venezuela, 2004. p. 95-110.

DAHL, R. A. *On democracy*. Londres: Yale University Press, 1998.

DALLARI, D. A. *O que é participação política*. São Paulo: Brasiliense, 1984.

DARDOT, P.; LAVAL, C. *The new way of the world*: in neoliberal society. Londres: Verso, 2013.

DELLA PORTA, D. Capitalismo, clase y protesta. *Diálogo Global*: International Sociological Association, [*s. l.*], v. 10, n. 1, p. 47-50, 2020.

DELLA PORTA, D. *O movimento por uma nova globalização*. [*S. l.*]: S. P. E. Loyola, 2007.

DELLA PORTA, D.; DIANI, M. *Los movimientos sociales*. Madri: UCM, 2015.

DEPARIS, S. R. *União das Nações Indígenas (UNI)*: contribuição ao Movimento Indígena no Brasil (1980-1988). Dissertação (Mestrado em História) – Universidade Federal da Grande Dourados, Dourados, 2007.

DIMITROV, S. *BIM (Building Information Modeling) como instrumento de intervenção em favelas*: o caso de Paraisópolis em São Paulo. Dissertação (Mestrado em Arquitetura e Urbanismo) – Universidade Presbiteriana Mackenzie, São Paulo, 2022.

DIANI, M. Networks and social movements: a research programme. *In*: DIANI, M.; MCADAM, D. (eds.). *Social mo-*

vements and networks: relational approaches to collective action. Oxford: Oxford University Press, 2003. p. 299-319.

DIANI, M. The Concept of social movement. *The Sociological Review*, Keele, v. 40, n. 1, p. 1-25, 1992.

DIANI, M.; BISON, I. Organizações, coalizões e movimentos. *Revista Brasileira de Ciência Política*, Brasília, DF, n. 3, p. 219-250, 2010.

DIANI, M.; MCADAM, D. (org.). *Social movements and networks*: relational approaches collective actions. Oxford: Oxford University Press, 2003.

DUARTE, A.; SANTOS, R. P. A. Cidade como espaço de intervenção dos coletivos: resistências e novas formas de vida urbana. *Ecopolítica*, São Paulo, v. 4, p. 31-52, 2012.

DUPUIS-DÉRI, F. *Black Blocs*. São Paulo: Veneta, 2014.

ESCOBAR, A. Desde abajo, por la izquierda, y con la tierra: la diferencia de Abya Yala/Afro/Latino-América. *Intervenciones en Estudios Culturales*, [*s. l.*], v. 2, n. 3, p. 1-15, 2016. Disponível em: http://portal.amelica.org/ameli/jatsRepo/53/5317007/html/index.html – Acesso em: 16 abr. 2025.

EVANGELISTA, A. C.; TEIXEIRA, J.; REIS, L. O que querem as mulheres evangélicas nesta eleição? *Folha UOL*, São Paulo, 19 ago. 2022.

FARIA, F. Ativismo, instituição e repertório autonomista: uma etnografia sobre coletivos políticos. *Revista Brasileira de Sociologia*, [*s. l.*], v. 8, n. 20, p. 177-198, 2020.

FELTRAN, G. Polícia e política: o regime de poder hoje liderado por Bolsonaro. *Blog Novos Estudos Cebrap*, [s. l.], 27 jun. 2021. Disponível em: https://novosestudos.com.br/policia-e-politica-o-regime-de-poder-hoje-liderado-por-bolsonaro/#gsc.tab=0 – Acesso em: 22 abr. 2025.

FELTRAN, G. Transformações sociais e políticas na periferia de São Paulo. *In*: ROLNIK, R.; FERNANDES, A. (orgs.). *Cidades*. Rio de Janeiro: Funarte, 2016. p. 41-68.

FERDINAND, M. *Uma ecologia decolonial*: pensar a partir do mundo caribenho. São Paulo: Ubu, 2022.

FILLIEULE, O. Propositions pour une analyse processuelle de l'engagement individuel. *Revue Française de Science Politique*, [*s. l.*], v. 51, n. 1-2, p. 199-215, 2001.

FONSECA, I. F. *et al.* A trajetória da participação social no Governo Federal: uma leitura a partir da produção bibliográfica do IPEA (2010-2020). *Boletim de Análise Político-Institucional*, [*s. l.*], n. 29, p. 89-96, 2021.

FONTES, L. A emergência do empreendedorismo periférico: a formação de novas subjetividades em meio ao mercado, ao estado e à sociedade nas margens urbanas. *In*: ENCONTRO ANUAL DA ANPOCS, 47, 2023, Campinas. *Anais* [...]. São Paulo: Anpocs, 2023.

FONTES, L. As disputas políticas nas periferias urbanas de São Paulo: públicos e capitais na oposição entre direita e esquerda. *In*: ENCONTRO ANUAL DA ANPOCS, 48, 2024, Campinas. *Anais* [...]. São Paulo: Anpocs, 2024a.

FONTES, L. Neoliberalismo autoritário, periferias urbanas e a ascensão da extrema-direita no Brasil. *In*: ENCONTRO ANUAL DA ANPOCS, 48, 2024, Campinas. *Anais* [...]. São Paulo: Anpocs, 2024b.

FONTES, L. Padrões e modos de vida: mobilidade social nas periferias de São Paulo (2000-2016). *Dados*, Rio de Janeiro, v. 65, n. 4, p. 1-51, 2022a.

FONTES, L. Violência, trabalho e periferia: conflitos morais e convívios nas fronteiras entre dois mundos. *Caderno CRH*, Salvador, v. 35, p. 1-19, 2022b.

G1. Caetano Veloso e outros artistas protestam em Brasília contra projetos de lei que ameaçam o meio ambiente. *G1*, Brasília, DF, 9 mar. 2022. Disponível em: https://g1.globo.com/df/distrito-federal/noticia/2022/03/09/caetano-veloso-e-outros-artistas-protestam-em-brasilia-contra-projetos-de-lei-que-ameacam-o-meio-ambiente.ghtml – Acesso em: 21 abr. 2025.

GABRIEL, J. *et al.* Câmara aprova Marco Temporal em nova derrota do governo Lula. *Folha de S. Paulo*, São Paulo, 30 maio 2023. Disponível em: https://www1.folha.uol.com.br/cotidiano/2023/05/camara-aprova-texto-base-do-marco-temporal-em-nova-derrota-do-governo.shtml. Acesso em: 21 abr. 2025.

GAIGER, L. I. O protagonismo autonomista dos coletivos em ação. *In*: DOWBOR, M.; OLIVEIRA, G. (orgs.). *Movimentos sociais e autonomias*: imaginação, experiências e teorias na América Latina. Marília: Lutas Anticapital, 2023. p. 125-163.

GALVÃO, A. *et al.* Reforma trabalhista: precarização do trabalho e os desafios para o sindicalismo. *Caderno CRH*, Salvador, v. 32, n. 86, p. 253-269, 2019.

GERBAUDO, P. *Redes e ruas*: mídias sociais e ativismo contemporâneo. São Paulo: Funilaria Editora, 2021.

GOHN, M. G. *A força da periferia*: a luta das mulheres por creches em São Paulo. Petrópolis: Vozes, 1985.

GOHN, M. G. A trajetória das ações coletivas e dos movimentos sociais no Brasil nos últimos 40 anos: dos movimentos de bairros da década de 1980 aos impactos e efeitos das manifestações de junho de 2013 dez anos depois. *Política & Sociedade*, Florianópolis, v. 23, p. 1-30, 2024a.

GOHN, M. G. *Ativismos no Brasil*: movimentos sociais, coletivos e organizações sociais civis: como impactam e por que importam? Petrópolis: Vozes, 2022.

GOHN, M. G. Coletivos: novas formas de expressão dos jovens no associativismo contemporâneo no Brasil. *Cavitas*: Revista de Ciências Sociais, [s. l.], v. 25, n. 1, 2025.

GOHN, M. G. *Conselhos gestores e participação sociopolítica*. 9. ed. São Paulo: Cortez, 2016a.

GOHN, M. G. Educação não formal: direitos e aprendizagens dos cidadãos(ãs) em tempos do coronavírus. *Humanidades & Inovação*, Palmas, v. 7, n. 7, p. 9-20, 2020.

GOHN, M. G. *Educação não formal e cultura política*. 7. ed. São Paulo: Cortez, 2017a.

GOHN, M. G. *Educação não formal e o educador social*. 5. ed. São Paulo: Cortez, 2016b.

GOHN, M. G. Gestão pública e os conselhos: revisitando a participação na esfera institucional. *Revista de Estudos e Pesquisas sobre as Américas*, Brasília, DF, v. 10, n. 3, p. 15-28, 2016c.

GOHN, M. G. Junho de 2013, 10 anos depois: um enigma ainda a decifrar. *Desigualdade & Diversidade*, [*s. l.*], n. 23, p. 10-38, 2023.

GOHN, M. G. *Manifestações de junho de 2013 no Brasil e Praças dos Indignados no Mundo*. 2. ed. Petrópolis: Vozes, 2015.

GOHN, M. G. *Manifestações e protestos no Brasil na atualidade*: correntes e contracorrentes. São Paulo: Cortez, 2017b.

GOHN, M. G. Morumbi: o contraditório bairro-região em São Paulo. *Caderno CRH*, Salvador, v. 23, p. 267-281, 2010a.

GOHN, M. G. *Movimentos e lutas sociais na história do Brasil*. 8. ed. São Paulo: Edições Loyola, 2013a.

GOHN, M. G. *Movimentos sociais e educação*. 10. ed. São Paulo: Cortez, 2017c.

GOHN, M. G. *Movimentos sociais e lutas pela moradia em São Paulo*. São Paulo: Edições Loyola, 1991.

GOHN, M. G. *Movimentos sociais e redes de mobilizações civis no Brasil contemporâneo*. Petrópolis: Vozes, 2010b.

GOHN, M. G. *Movimentos sociais e redes de mobilizações civis no Brasil contemporâneo*. 7. ed. Petrópolis: Vozes, 2013b.

GOHN, M. G. O movimento dos povos originários indígenas no Brasil: história das lutas e confrontos no campo dos direitos. *Revista Brasileira de Sociologia*, [*s. l.*], v. 12, p. 1-33, 2024b.

GOHN, M. G. Orçamento público e participação popular. *In*: Balanço das experiências de orçamento participativo nos governos locais. Brasília, DF: Fórum Nacional de Participação Popular nas Administrações Municipais, 1999.

GOHN, M. G. Os jovens e as praças dos indignados: territórios de cidadania. *Revista Brasileira de Sociologia*, [*s. l.*], v. 1, p. 205-218, 2013c.

GOHN, M. G. *Participação e democracia no Brasil*: da década de 1960 aos impactos pós-junho de 2013. Petrópolis: Vozes, 2019.

GOHN, M. G. Pluralidade da representação na América Latina. *Sociedade e Estado*, Brasília, DF, v. 29, n. 1, p. 73-90, 2014.

GOHN, M. G. *Reivindicações populares urbanas*. São Paulo: Cortez, 1982.

GOHN, M. G. *Teorias dos movimentos sociais*: paradigmas clássicos e contemporâneos. 12. ed. São Paulo: Edições Loyola, 2017d.

GOMES, P.; MODESTO, R.; NASCIMENTO, N. Registro de recém-nascidos ainda é um desafio para indígenas. *Le Monde Diplomatique Brasil*, [*s. l.*], 6 nov. 2023. Disponível em: https://diplomatique.org.br/registro-de-recem-nascidos-ainda-e-um-desafio-para-indigenas/ – Acesso em: 16 abr. 2025.

GOODWIN, J.; JASPER, J. M.; POLLETTA, F. (orgs.). *Passionate politics*: emotions and social movements. Chicago: University of Chicago Press, 2001.

HESSEL, S. *Indignai-vos!* 3. ed. Lisboa: Objectiva, 2011.

HOBSBAWM, E. *A era dos extremos*. São Paulo: Companhia das Letras, 1995.

ISA – INSTITUTO SOCIOAMBIENTAL. Constituintes de 1988 reafirmam caráter permanente dos direitos indígenas. *ISA*, [*s. l.*], 16 jan. 2017. Disponível em: https://site-antigo.socioambiental.org/pt-br/noticias-socioambientais/

constituintes-de-1988-reafirmam-carater-permanente-dos--direitos-indigenas – Acesso em: 16 abr. 2025.

JASPER, J. M. *Protesto*: uma introdução aos movimentos sociais. Rio de Janeiro: Jorge Zahar, 2016.

KLEIN, N. Trump atraiu os eleitores frustrados imitando as táticas usadas pela esquerda, diz Naomi Klein. [Entrevista cedida a] Walter Porto. *Folha de S. Paulo*, São Paulo, 20 jan. 2025. Disponível em: https://www1.folha.uol.com.br/mundo/2025/01/trump-atraiu-eleitores-frustrados-imitando--taticas-da-esquerda-diz-naomi-klein.shtml – Acesso em: 16 abr. 2025.

KOPENAWA, D.; BRUCE, A. *A queda do céu*. São Paulo: Companhia das Letras, 2015.

KOWARICK, L.; MARQUES, E. (orgs.). *São Paulo*: novos percursos e atores (sociedade cultura e política). São Paulo: Editora 34, 2011.

KRENAK, A. A COP30 já começou para os povos indígenas. *Folha de S. Paulo*, São Paulo, 2 fev. 2025.

KRENAK, A. *A vida não é útil*. São Paulo: Companhia das Letras, 2020a.

KRENAK, A. *Amanhã não está à venda*. São Paulo: Companhia das Letras, 2020b.

KRENAK, A. Eu e minhas circunstâncias. *In*: COHN, S. (org.). *Encontros*: Ailton Krenak. Rio de Janeiro: Azougue, 2015. p. 242-243.

KRENAK, A. *Ideias para adiar o fim do mundo*. São Paulo: Companhia das Letras. 2019.

KRENAK, A. *O lugar onde a terra descansa*. [*S. l.*]: NCI, 2000.

KROIJER, S. Figurations of the future: in the form and temporality of protests among left-handed radical activists in northern Europe. *Social Analysis*, [*s. l.*], v. 54, n. 3, p. 139-152, 2010.

LACERDA, R. F. *Os povos indígenas e a Constituinte – 1987/1988*. [*S. l.*]: Conselho Indigenista Missionário, 2008.

LATOUR, B. *Reagregando o social*: uma introdução à teoria do ator-rede. Salvador: EDUFBA, 2012.

LAVALLE, A. G. Participação: valor, utilidade, efeitos e causa. *In*: PIRES, R. R. (org.). *Efetividade nas instituições participativas no Brasil*: estratégias de avaliação. Brasília, DF: Ipea, 2011. p. 33-43.

LAVALLE, A. G. *et al*. *Participação e ativismos*: entre retrocessos e resistências. Porto Alegre: Zouk, 2022.

LEFEBVRE, H. *O direito à cidade*. São Paulo: Centauro, 2001.

LEVITSKY, S. *Como salvar a democracia*. Rio de Janeiro: Jorge Zahar, 2023.

LEVITSKY, S.; ZIBLATT, D. *Como morrem as democracias*. Rio de Janeiro: Jorge Zahar, 2018.

LIMA, A. G. O. Fortalecimento da democracia passa por responder à insatisfação com instituições, dizem especialistas. *Folha de S. Paulo*. São Paulo, 11 jan. 2025. Disponível em: https://www1.folha.uol.com.br/poder/2025/01/fortalecimento-da-democracia-passa-por-responder-a-insatisfacao-com-instituicoes.shtml – Acesso em: 21 abr. 2025.

LIMA, R. S. Eleições de policiais no Brasil e a força do "partido policial". *In*: RUEDIGER, M. A.; LIMA, R. S. (orgs.). *Segurança pública após 1988*: história de uma construção inacabada. Rio de Janeiro: FGV, 2021.

LIMA, S. Coletivo, ativista e horizontal: uma análise de categorias em uso no movimento social contemporâneo. *Teoria e Cultura*, [*s. l.*], v. 13, n. 1, p. 18-34, 2018.

LOUREIRO, V. R. Amazônia: uma história de perdas e danos, um futuro a (re)construir. *Estudos Avançados*, [*s. l.*], v. 16, n. 45, p. 107-121, 2002.

LUCHMANN, L. H.; BORBA, J. Participação, desigualdades e novas institucionalidades: uma análise a partir de instituições participativas em Santa Catarina. *Ciências Sociais Unisinos*, São Leopoldo, v. 44, p. 58-68, 2008.

LUCHMANN, L. H.; GUSSO, R. (orgs.). *Estudos sobre associativismo do Sul do Brasil*. Curitiba: Appris, 2021.

MACHADO, L. *Como defender sua causa*. São Paulo: Nacional, 2021.

MAGALHÃES, J. C. London School of Economics (LSE). *In*: MENA. *Verbete draft*: o que é tecnopolítica. [*S. l.*: *s. n.*], 2019.

MALLERET, C. Record number of Indigenous candidates take part in Brazil elections. *The Guardian*, [*s. l.*], 28 ago. 2022. Disponível em: https://www.theguardian.com/global-development/2022/aug/28/brazil-elections-indigenous-candidates – Acesso em: 21 abr. 2025.

MANSANI, T. Os indígenas que protegem a Amazônia com ajuda da tecnologia. *DW*, [*s. l.*], 30 jan. 2025. Disponível em: https://www.dw.com/pt-br/os-ind%C3%ADgenas-que-protegem-a-amaz%C3%B4nia-com-ajuda-da-tecnologia/a-71454372 – Acesso em: 21 abr. 2025.

MARINHO, L. De junio de 2013 al bolsonarismo: prensa, estética y nacionalismo. *Barda*, [*s. l.*], n. 13, p. 13-36, 2022.

MARQUES, E. C. *Projeto redes sociais, sociabilidade e pobreza*. São Paulo: Cebrap, 2008.

MARQUES, M. S.; MARX, V. Os coletivos em cena: algumas contribuições para o debate. *Simbiótica*, [*s. l.*], v. 7, n. 3, p. 8-32, 2020.

MARTELLI, C. G.; ALMEIDA, C.; CAPELLA, A. C. Imagens da participação social na agenda do governo Lula III. *Revista do Serviço Público*, Brasília, DF, v. 75, n. 4, p. 696-714, 2024.

MARTINS, J. R. V. "Eles passarão, nós passarinho" – estética e política no coletivo Estopô Balaio. *Le Monde Diplomatique Brasil*, [*s. l.*], 14 fev. 2025.

MARTINS, J. S. A emancipação do índio e a emancipação da terra do índio. *In*: COMISSÃO PRÓ-ÍNDIO/SP. *Histórico da emancipação*. [*S. l.*: *s. n.*], 1979. p. 73-75.

MATOS, M. H. O. *Rumos do movimento indígena no Brasil contemporâneo*: experiências exemplares no Vale do Javari. Tese (Doutorado em Ciências Sociais) – Universidade Estadual de Campinas, Campinas, 2006.

MELUCCI, A. The new social movements: a theoretical approach. *Social Science Information*, [*s. l.*], n. 19, p. 199-226, 1980.

MELUCCI, A. *A invenção do presente*: movimentos sociais, nas sociedades complexas. Petrópolis: Vozes, 2001.

MELUCCI, A. *Challenging codes*: collective action in the information age. Cambridge: Cambridge University Press, 1996.

MENA. *Verbete draft*: o que é tecnopolítica. [*S. l.: s. n.*], 2019.

MENON, I. 51% dos brasileiros dizem ter mais medo da polícia do que confiança nela, segundo Datafolha. *Folha de S. Paulo*, São Paulo, 22 dez. 2024. Disponível em: https://www1.folha.uol.com.br/cotidiano/2024/12/51-dos-brasileiros-dizem-ter-mais-medo-da-policia-do-que-confianca-nela-segundo-datafolha.shtml – Acesso em: 21 abr. 2025.

MEYER, D. S. Movimentos sociais e contexto político: entrevista com David S. Meyer. [Entrevista cedida a] Matheus Mazzilli Pereira. *Psicologia Política*, [*s. l.*], v. 18, n. 41, p. 198-207, 2018.

MEYER, D. S.; STAGGENBORG, S. Movements, countermovement's, and the structure of political opportunity. *American Journal of Sociology*, [*s. l.*], v. 101, n. 6, p. 1.628-1.660, 1996.

MILANI, C. R. S. O princípio da participação social na gestão de políticas públicas locais: uma análise de experiências latino-americanas e europeias. *RAP* – Revista de Administração Pública, Rio de Janeiro, v. 42, n. 3, p. 551-579, 2008.

MILHOMENS, L. *Movimentos sociais e redes de mobilização na Amazônia*: o caso da Hidrelétrica de Belo Monte. Tese (Doutorado em Educação) – Universidade Estadual de Campinas, Campinas, 2018.

MILHOMENS, L.; GOHN, M. G. Amazônia, movimentos sociais e lutas contemporâneas. *In*: MILHOMENS, L. (org.). *Amazônia e movimentos sociais*: diálogos entre a cidade e a floresta. Embu das Artes: Alexa Cultural; Manaus: Edua, 2023. p. 43-62.

MILHOMENS, L.; GOHN, M. G. Movimentos sociais e Amazônia: da ditadura civil-militar aos grandes projetos da atualidade. *Cadernos Ceru*, [*s. l.*], v. 29, n. 2, p. 229-270, 2018.

MINDLIN, B. *A questão do índio*. São Paulo: Brasiliense, 1989.

MORAES, A. O giro das autonomias cosmopolitas na América Latina: frustrar a catástrofe, se esquivar do progressismo. *In*: OLIVEIRA, G.; DOWBOR, M. (orgs.). *Movimentos sociais e autonomias*: imaginário, experiências e teorias na América Latina. Marília: Lutas Anticapital, 2023.

MUNDURUKU, D. *O caráter educativo do movimento indígena brasileiro* – 1970-1990. São Paulo: Paulinas, 2012.

NEVES, R. Lula retoma demarcações, mas não freia 'boiadas' e ataques contra indígenas. *TAB UOL*, [*s. l.*], 13 jan. 2025. Disponível em: https://tab.uol.com.br/noticias/redacao/2025/01/13/situacao-povos-indigenas-brasil-apos-dois-anos-governo-lula.htm – Acesso em: 21 abr. 2025.

NOBRE, M. *Choque de democracia*: razões da revolta. São Paulo: Companhia das Letras, 2013.

NOBRE, M. Fantasias sobre junho. *Folha de S. Paulo*, São Paulo, 4 jun. 2023.

NOBRE, M. *Limites da democracia*: de junho de 2013 ao governo Bolsonaro. São Paulo: Todavia, 2022.

NUNES, R. *Nem vertical nem horizontal*: uma teoria da organização política. São Paulo: Ubu, 2023.

OFFE, C. *Partidos políticos y nuevos movimientos sociales*. Madri: Sistema, 1988.

OLIVEIRA, D. Movimentos sociais e uma nova cultura política em tempos de ação direta do capital. *Aracê* – Direitos Humanos em Revista, [*s. l.*], n. 1, 2014.

OLIVEIRA, F. *Os sentidos da democracia*: políticas do dissenso e hegemonia global. Petrópolis: Vozes, 1999.

OLIVEIRA, R. C. *A crise do indigenismo*. Campinas: Unicamp, 1988.

OLIVEIRA, R. C. *Caminhos da identidade*: ensaios sobre etnicidade e multiculturalismo. São Paulo: Unesp, 2006.

ORTELLADO, P. Novatos crescem no rastro de pivôs dos atos de junho de 2013. *Folha de S. Paulo*, São Paulo, 1 jun. 2023.

OXFAM. *Desigualdade S.A.*: como o poder das grandes empresas divide o nosso mundo e a necessidade de uma nova era de ação pública. [*S. l.*]: Oxfam, 2024.

PADIN, G. De loteamento a 2ª maior favela de SP: Paraisópolis celebra 100 anos. *R7*, São Paulo, 19 set. 2021. Disponível em: https://noticias.r7.com/sao-paulo/de-loteamento-a-2-maior-favela-de-sp-paraisopolis-celebra-100-anos-29062022 – Acesso em: 21 abr. 2025.

PAIVA, A. M. *Das águas do rio, as mulheres em movimento na defesa do Xingu*: a resistência contra a construção da Hidrelétrica de Belo Monte em Altamira – Oeste do Pará. 2010. Tese (Doutorado em Ciências Sociais) – Universidade Federal do Pará, Belém, 2010.

PAIVA, A. R. *Dinâmicas sociais na luta por direitos no Brasil*. Rio de Janeiro: PUC-Rio: Pallas, 2021.

PAIVA, A. R.; LIMA NETO, F.; SANCHES, T. *Movimentos e coletivos sociais*: categorias em disputa. Rio de Janeiro: PUC--Rio: Numa, 2023.

PAIVA, E.; JUNQUEIRA, C. *O Estado contra o índio*. São Paulo: PUC-SP, 1985.

PAIVA, M. R. *Ainda estou aqui*. Rio de Janeiro: Alfaguara, 2015.

PARAISÓPOLIS. *In*: Dicionário de Favelas Marielle Franco. São Paulo: Wikifavelas, 2025. Disponível em: https://wikifavelas.com.br/index.php/Parais%C3%B3polis – Acesso em: 21 abr. 2025.

PARAISÓPOLIS. Quem somos. *Paraisópolis*, São Paulo, [c2023]. Disponível em: https://paraisopolis.org/multientidades-de-paraisopolis/quem-somos – Acesso em: 21 abr. 2025.

PARRA, H. Tecnologias em disputa, tecnologias necessárias. *Outras Palavras*, [*s. l.*], 17 ago. 2023. Disponível em: https://outraspalavras.net/tecnologiaemdisputa/tecnopoliticas-as-necessarias-lutas-terranas – Acesso em: 17 abr. 2025.

PATEMAN, C. *Participação e teoria democrática*. Rio de Janeiro: Paz e Terra, 1992.

PEREZ, O. C. Relações entre coletivos com as Jornadas de Junho. *Opinião Pública*, Campinas, v. 25, n. 3, p. 77-96, 2019.

PEREZ, O. C. Percepções sobre as desigualdades sociais nos movimentos sociais brasileiros contemporâneos. *In*: PEREZ, O. C.; MOURA, J. T. V.; SANTOS, G. G. C. (orgs.). *O que querem os movimentos sociais?* Um guia simplificado sobre as lutas e os desafios das organizações feministas, negras e LGBTQIAPN+. Teresina: EDUFPI, 2025.

PEREZ, O. C.; SOUZA, B. M. Velhos, novos ou novíssimos movimentos sociais? As pautas e práticas dos coletivos. *In*: ENCONTRO ANUAL DA ANPOCS – GT11, 41., 2017, Caxambu. *Anais* [...]. São Paulo: Anpocs, 2017.

PEREZ, O. C.; MOURA, J. T. V.; SANTOS, G. G. C. (orgs.). *O que querem os movimentos sociais?* Um guia simplificado sobre as lutas e os desafios das organizações feministas, negras e LGBTQIAPN+. Teresina: EDUFPI, 2025.

PIZZORNO, A. Introducción al estudio de la participación política. *In*: PIZZORNO, A.; KAPLAN, M.; CASTELLS, M. *Participación y cambio social en la problemática contemporánea*. Buenos Aires: Ediciones Siap-Planteos, 1975.

PLAYERS, G. *El cambio nunca es lineal*: movimientos sociales en tiempos polarizados. Buenos Aires, Clacso, 2024.

POTIGUARA, E. *Metade cara, metade máscara.* [*S. l.*]: Grumin, 2019.

PUTNAN, R. *Comunidade e democracia* – A experiência da Itália moderna. Rio de Janeiro: FGV, 1996.

RIBEIRO, D. *Os índios e a civilização*: a integração das populações indígenas no Brasil moderno. São Paulo: Companhia das Letras, 2004.

ROCHA, C. *Menos Marx, Mais Mises* – O liberalismo e a nova direita no Brasil. São Paulo: Todavia, 2021.

ROMÃO, W. M. Reflexões sobre as dificuldades da implementação da participação institucional no Brasil. *Ideias*, Campinas, v. 6, n. 2, p. 35-58, 2016.

ROSA, P. O. *et al. Tecnoconservadorismo e o Brasil Paralelo.* São Paulo: Autonomia Literária, 2024.

SADER, E. *Quando novos personagens entraram em cena.* Rio de Janeiro: Paz e Terra, 1988.

SALES, L. F. I. B. *A proteção dos conhecimentos tradicionais dos povos indígenas em face da convenção de diversidade biológica.* Dissertação (Mestrado em Direito) – Universidade de Brasília, Brasília, DF, 2006.

SANCHES, T. *Morar é pessoal, político e cultural*: experiências de precariedade e luta por moradia em Londres e Rio de Janeiro. Tese (Doutorado em Ciências Sociais) – Pontifícia Universidade Católica do Rio de Janeiro, Rio de Janeiro, 2020.

SANTOS, E. *Participação social e políticas públicas de saúde para a população ribeirinha na Amazônia*: o caso da reserva extrativista tapajós-arapiuns. Campinas: Universidade Estadual de Campinas, 2023. Relatório de doutorado em educação.

SCHERER-WARREN, I. *Redes de movimentos sociais.* São Paulo: Edições Loyola, 1993.

SEID, E.; BURGOS, R.; BORBA, J. Introdução: 40 anos de uma agenda de pesquisa. *Política & Sociedade*, Florianópolis, v. 23.

SERRA, C. Aula de humanidade com os Zoés. *Folha de S. Paulo*, São Paulo, 7 jan. 2022.

SETA, I. "Ainda estou aqui": como advogada, Eunice Paiva deixou legado para o direito indígena. *Portal Amazônia*, [*s. l.*], 15 dez. 2024. Disponível em: https://portalamazonia.com/amazonia/ainda-estou-aqui-eunice-paiva-direito-indigena – Acesso em: 21 abr. 2025.

SETUBAL, M. A. Políticas antidiversidade nos EUA reacendem o alerta no Brasil. *Folha de S. Paulo*, São Paulo, 3 fev. 2025.

SILVA, A. A. B.; PENTEADO, C. L. C. Tecnopolítica: a tecnologia como instrumento central na política do século XXI. *PesquisABC*, São Bernardo do Campo, ed. 36, p. 1-8, 2023. Disponível em: https://www.ufabc.edu.br/divulgacao-cientifica/pesquisabc/edicao-n-36-dezembro-de-2023/tecnopolitica-a-tecnologia-como-instrumento-central-na-politica-do-seculo-xxi – Acesso em: 17 abr. 2025.

SILVA, E. *et al.* Qualidade do ar na favela de Paraisópolis, SP, e possíveis implicações à saúde. *Revista do Departamento de Geografia*, [*s. l.*], v. 18, p. 60-66, 2020.

SILVA, F. B. S.; JACCOUD, L.; BEGHIN, N. Políticas sociais no Brasil: participação social, conselhos e parcerias. *In*: JACCOUD, L. (org.). *Questão social e políticas sociais no Brasil contemporâneo*. Brasília, DF: Ipea, 2009. Disponível em: https://portalantigo.ipea.gov.br/agencia/images/stories/PDFs/livros/Cap_8-10.pdf – Acesso em: 2 maio 2024.

SILVA, M. K.; PEREIRA, M. M. Movimentos e contramovimentos sociais: o caráter relacional da conflitualidade social. *Revista Brasileira de Sociologia*, [*s. l.*], v. 8, n. 20, p. 26-49, 2020.

SINGER, A. Brasil, junho de 2013: classes e ideologias cruzadas. *Novos Estudos Cebrap*, [*s. l.*], n. 97, p. 23-40, 2013.

SOLANO, E. (org.). *O ódio como política*: a reinvenção das direitas no Brasil. São Paulo: Boitempo, 2018.

SOLANO, E.; MANSO, B. P.; NOVAES, W. *M@scAr@dos*: a verdadeira história dos adeptos da tática Black Blocs. São Paulo: Geração Editorial, 2014.

SOLANO, E.; ROCHA, C.; MEDEIROS, J. *The Bolsonaro paradox*: the public sphere and right-wing counterpublicity in contemporary Brazil. [*S. l.*]: Springer, 2021.

SOUSA, L. E.; DIAS, P. E. Moradores denunciam novo caso de violência policial em Paraisópolis. *Folha de S. Paulo*, São Paulo, 5 ago. 2024. Disponível em: https://www1.folha.uol.com.br/cotidiano/2024/08/moradores-denunciam-novo-caso-de-violencia-policial-em-paraisopolis.shtml – Acesso em: 21 abr. 2025.

SOUSA, L. M.; SANTOS, G. G. C. As demandas dos movimentos LGBTQIA+ brasileiros por uma perspectiva interseccional. *In*: PEREZ, O. C.; MOURA, J. T. V.; SANTOS, G. G. C. (orgs.). *O que querem os movimentos sociais?* Um guia simplificado sobre as lutas e os desafios das organizações feministas, negras e LGBTQIAPN+. Teresina: EDUFPI, 2025.

STENGERS, I. Autonomy and the intrusion of Gaia. *The South Atlantic Quarterly*, [*s. l.*], v. 116, n. 2, p. 381-400, 2017.

SURUÍ, T. Lute pela OIT 169. *Folha de S. Paulo*, São Paulo, 22 jul. 2022. p. A2.

SURUÍ, T. Revoga a lei 10.820 já! *Folha de S. Paulo*, São Paulo, 31 jan. 2025. Disponível em: https://www1.folha.uol.com.br/colunas/txai-surui/2025/01/revoga-a-lei-10820-ja.shtml#:~:text – Acesso em: 21 abr. 2025.

SVAMPA, M. *As fronteiras do neoextrativismo na América Latina*. [*S. l.*]: Elefante, 2019.

TARROW, S. *New transnational activism*. Cambridge: Cambridge University Press, 2005.

TARROWA S. *Power in movement*. Cambridge: Cambridge University Press, 1994.

TATAGIBA, L. 1984, 1992 e 2013: sobre ciclos de protestos e democracia no Brasil. *Política & Sociedade*, [*s. l.*], v. 13, n. 28, p. 35-62, 2014.

TATAGIBA, L.; GALVÃO, A. *Banco de dados*: os protestos no Brasil (2011-2016). Campinas: Unicamp, 2019.

TAVARES, J. Base de Lula vê falta de mobilização social como "risco para governo em 26. *Folha de S. Paulo*, São Paulo, 29 jan. 2025. p. A8.

TAVARES, J. Junho de 2013 produz reviravoltas com choques para esquerda e direita. *Folha de S. Paulo*, São Paulo, 29 maio 2023. p. A4, A6.

TEIXEIRA, V. R. A. *Da parada do orgulho ao "novo" carnaval de rua*: ativismos LGBTQIA+ nos espaços públicos da cidade de São Paulo no século XXI. 2025. Tese (Doutorado em Sociologia) – Universidade de São Paulo, São Paulo, 2025.

TERENA, M.; FEIJÓ, A. *O índio aviador*. [*S. l.*]: Moderna, 2002.

THOREAU, H. D. *A desobediência civil*. São Paulo: Cultrix, 1975.

TILLY, C. *Democracia*. Petrópolis: Vozes, 2013.

Tilly, C. *Social movements, 1768-2004*. Londres: Paradigm Press, 2004.

TRINDADE, L. R. *Fortalecendo os fios*: a emergência dos coletivos de estudantes negros e negras em universidades da Região Sudeste. 2021. Tese (Doutorado em Sociologia) – Universidade Federal de São Carlos, São Carlos, 2021.

TORO, B. Roda viva. *Boletim Gestão*, Rio de Janeiro, v. 21, n. 1, 2000.

TOURAINE, A. *Le Retour de l'Acteur*. Paris: Fayard, 1984.

TOURAINE, A. Na fronteira dos movimentos sociais. *Sociedade e Estado*, [*s. l.*], Brasília, DF, v. 21, n. 1, p. 17-28, 2006a.

TOURAINE, A. *Producción de la société*. Paris: Seuil, 1973.

TOURAINE, A. *Um novo paradigma*: para compreender o mundo hoje. Petrópolis: Vozes, 2006b.

UOL. Gilson, do G10 Favelas: Sem Uber e e-commerce, sofremos 'embargo econômico'. *UOL*, São Paulo, 21 jan. 2025. Disponível em: https://economia.uol.com.br/noticias/

redacao/2025/01/21/gilson-do-g10-das-favelas-sofremos-uma-especie-de-embargo-economico.htm – Acesso em: 21 abr. 2025.

VANN JR., B. Movement-countermovement dynamics and mobilizing the electorate. *Mobilization*: An International Quarterly, [*s. l.*], v. 23, n. 3, p. 285-305, 2018.

VEIGA, E. Muito mais do que uma ilustre viúva: o ativismo indigenista de Eunice Paiva. *UOL*, São Paulo, 16 jan. 2025. Disponível em: https://noticias.uol.com.br/ultimas-noticias/deutschewelle/2025/01/16/muito-mais-do-que-uma-ilustre-viuva-o-ativismo-indigenista-de-eunice-paiva.htm – Acesso em: 17 abr. 2025.

VIEIRA, O. V. Não basta defender a democracia. *Folha de S. Paulo*, São Paulo, 24 jan. 2025. Disponível em: https://www1.folha.uol.com.br/colunas/oscarvilhenavieira/2025/01/nao-basta-defender-a-democracia.shtml – Acesso em: 21 abr. 2025.

WARNER, M. *Publics and counterpublics*. Nova York: Zone Books, 2002.

WEBER, M. *A ética protestante e o espírito do capitalismo*. Petrópolis: Vozes, 2020.

WIEVIORKA, M. *Un autre monde*: contestations, dérives et surprises de l'antimondialisation. Paris: Balland, 2003.

WILLIAMS, R. *Cultura*. 2. ed. Rio de Janeiro: Paz e Terra, 2000.

WINNER, L. Do artifacts have politics? *In*: WINNER, L. *The whale and the reactor* – A search for limits in an age of high technology. Chicago: University of Chicago Press,1986. p. 19-39.

YOUSSEF, A. Como "apagão" da economia criativa pesa na queda de popularidade de Lula. *Nossa UOL*, São Paulo, 18 fev. 2025. Disponível em: https://www.uol.com.br/nossa/colunas/ale-youssef/2025/02/18/como-apagao-da-economia-criativa-pesa-na-queda-de-popularidade-de-lula.htm – Acesso em: 22 abr. 2025.